U0100761

大展好書　好書大展
品嘗好書　冠群可期

大展好書　好書大展
品嘗好書・冠群可期

養生保健 46

武當道教
養生長壽功

苗福盛 著

大展出版社有限公司

目　錄

第一章　養生氣功概述

氣功是中華民族文化的瑰寶、也是中國醫學寶庫中的珍品，它的歷史悠久，源遠流長。氣功的作用不僅在於健身防病，延年益壽，而且透過氣功修煉能陶冶人的性情，涵養道德，開發人的智力和激發人體的潛在功能。

第一節　養生氣功的起源

中華神州乃氣功發祥之地。氣功是我國古代勞動人民所創造。古代原始氣功逐漸演變為導引、吐納、食氣，獨立運用於健身和醫療保健，成為中國醫學五大醫療技術的一部分。後經諸子百家，儒、道、佛、醫紛紛研究應用，世代傳習，發展成為一項自我身心鍛鍊的養生健身方法。廣大民眾運用這種醫療健身方

法，從修煉氣功中得到了健身、祛病、延年的益處。

早在人類文明的萌芽時期，人們從日常生活和生產勞動中體會到，打呵欠、伸懶腰配以深呼吸，或閉目靜坐、活動四肢關節和用手按摩傷痛部位這些原始簡單易行的方法，可以解除疲勞和病痛，有著保健和醫療的作用。

根據史書記載，早在四千多年前堯的時代，人們就已經知道用「舞」的方法治病。《呂氏春秋‧古樂篇》記載：四千年前的陶唐氏（其所屬的氏族部落）初期，人們為了抵禦天陰多雨、河水氾濫、氣候陰冷潮濕、氣溫低下等惡劣的氣候條件和環境對人體的侵害，「故作舞以宣導之」，用以宣達通利關節。這裏的「作舞」是導引術的前身，也是氣功的初級形式。因此，氣功是遠古時期人與大自然惡劣環境和自身疾病作鬥爭的產物。此後氣功有了進一步的發展，在周代（西元前11世紀—前771年）金文中對氣功就有了明確的記載。《老子》中還記述了「吹」「噓」之法。《莊子》更進一步載有：「吹呴呼吸，吐故納新，熊經鳥伸，為壽而已矣。此導引之士，養形之

人，彭祖壽考者之所好也。」

在氣功的發生和發展過程中，人們還模仿動物的習性和運動的特點，諸如飛禽走獸的爬行、跳躍、展翅等動作，補充和矯正人體的不足。漢末名醫華佗，由觀察摹仿自然界五種禽獸——虎、鹿、熊、猿、鶴的動作優點，創造出一套五禽戲的導引法。這些氣功的萌芽，為後世的氣功發展奠定了基礎。

但在古代已有文獻記載中卻很少見到有「氣功」二字，見到的都是導引、行氣、吐納、禪定、修道、煉丹等，多達幾十種。據考證，「氣功」一詞最早出現在晉代署名為許遜道士所著的《靈劍子》一書，書中提到「氣若功成，筋骨如柔、百關調暢」。另有學者認為，氣功術語最早見於《太清調氣經》。

第二節　養生氣功發展簡史

一、春秋戰國時期氣功簡況

春秋戰國時代，隨著生產力的發展，出現了「諸

子蜂起，百家爭鳴」的局面，學術氣氛空前高漲，並在政治、思想、科學、文化各領域裏湧現出一批傑出的代表人物，在他們的著作言教中都有對氣功的論述，極大地豐富了氣功養生的內容。並由萌芽和實踐階段上升到理論階段。春秋時期形成的「九流十家」諸多學術流派中，道家、儒家等學派對中國養生學的形成影響最大。

道家的代表老子所著《道德經》五千言，把氣功養生的三大要素——調心、調息、調身都上升到理論的高度。如「滌除玄覽」就是洗除腦海中種種玄妙的景象，使思想清靜，一塵不染，即排除雜念而入靜，要達到「致虛極守靜篤」的程度。

「虛其心，實其腹」是入靜的方法。《老子·成象》云：「穀神不死，是謂玄牝，玄牝之門，是謂天地根，綿綿若存，用之不勤。」意為養生以頤養元神為先，練功以收攝天地的精氣為主。氣功學的「天人相應」整體觀，也來源於老子的「人法地，地法天，天法道，道法自然」。後世練功的「守一法」「守中法」也都出自《道德經》，如「多言數窮，不如守

中」。這些都是練氣功的基本要求，所以後世把《道德經》尊為氣功四大經典之一。

儒家的代表人物是孔子，他是歷史上最早的教育家和思想家，儒家的經典《論語》《孟子》《中庸》《大學》中提出「格物」「致知」「誠意」「正心」「修身」「齊家」「治國」「平天下」的所謂儒家「八目」，很多類似於氣功修煉，特別是提出「止於至善」的方法，即「知止而後有定，定而後能靜，靜而後能安，安而後能慮，慮而後能得」，可以說是對氣功修煉過程和氣功開發智力潛能的描述。其原意是說明求學聞道的步驟，與《老子》提出的「止」「靜」「安」「定」「修身」等概念基本相似。

在《中庸》中記錄了孔子論述氣功理法的名言：「天命之謂性，率性之謂道，修身之謂教。」「喜怒哀樂未發謂之中，發而節謂之和，中也者，天下之大本也，和也者，天下之達道也。致中和，天地位焉，萬物育焉。」孔子的修身論、大道論和中和論，對後世氣功學的發展產生了深遠影響。

我國現存最早的著名古典醫書《黃帝內經》就在

這一時期問世，對氣功導引已有了更進一步的論述，並把行氣導引視為一種重要的醫療保健方法。書中記錄「導引」多達十四處，對多種疾病都有很好的療效，其中行氣法也普遍用於臨床。

其書詳細論述了導引、行氣兩大功法在實踐中的應用，並為後世動靜法理論的發展奠定了重要的基礎。例如，在該書《上古天真論》中說：「恬淡虛無，真氣從之，精神內守，病安從來？」又說：「呼吸精氣，獨立守神，肌肉若一。」

氣功療法在《內經》中稱為導引、按蹻、行氣。《靈樞‧本神》提出：聰明的人善於養生，必然使自己適應外界環境變化，安居樂業而不使情緒過分波動，調節男女性生活以及作息動靜等，不使太過或不及，這樣才能不生病而長壽。《素問‧遺篇刺法論》載有：「腎有久病者，可以寅時面向南，淨神不亂思，閉氣不息七遍，以引頸咽氣順之，如咽甚硬物，如此七遍後，餌舌下津令無數。」

從這些文字裏可以看出，我們的祖先很早就已經懂得氣功的精神鍛鍊、呼吸鍛鍊、肌肉鍛鍊，以及

「吞津咽液」等方法了。

二、秦漢時期養生氣功簡況

秦朝時代，養生氣功又向前發展了一步。秦相呂不韋召集文人，編纂《呂氏春秋》一書，在書中某些篇章中，不乏氣功理法的論述。該書不僅指出了「靜」和「動」的重要性，而且認為最好的方法是「宜動者靜，宜靜者動」，這一思想對後世氣功發展產生了重大影響。

如《呂氏春秋·盡數》云：「形不動則精不流，精不流則氣鬱。」「流水不腐，戶樞不蠹，動也，形氣亦然。」

《呂氏春秋·達命》云：「凡人三百六十節、九竅、五臟、六腑、肌膚欲其行也，血脈欲其通，筋骨欲其固也，志欲其和也，精氣欲其行也，若此，則病無所居，而惡無所由生矣。」

《呂氏春秋·先已》云：「凡事之本，必先治身，嗇其大寶，用其新，棄其陳，腠理逐通，精氣日新，邪氣盡去，及其天年。」

　　1973年長沙馬王堆漢墓出土的文物，其中有《導引圖》和《卻穀食氣篇》。《導引圖》上繪有各種姿勢導引圖像四十餘個，是迄今見到最早的《導引圖》。圖中有肢體運動、呼吸運動和模仿動物形態的術式等。早期的導引術多為仿鳥獸形態動作，稱為禽戲，後來醫家把肢體動作的導引和按摩相結合的導引術，發展成「八段錦」「易筋經」「五禽戲」類的健身功法。

　　在漢代，氣功有了進一步的發展。東漢王充在《論衡》中曰：「若夫強弱夭壽以百為數。不至百者，氣自不足也。夫稟氣渥則其體強、體強則其命長，氣薄則其體弱，體弱則命短。」明確提出了養生以氣為本的觀點。在漢朝，氣功透過廣泛應用，進一步證實了它的健身、治病作用，於是氣功深受廣大人民喜愛，甚至將有關方法內容當做珍品隨葬於死者。例如在長沙馬王堆漢墓出土的《導引圖》和《卻穀食氣篇》就成為隨葬品而保留至今。

　　於東漢時期問世的《太平經》，為我國現存最早的道教經典著作。該書對氣功的傳統理論進行了精

闡發揮：「夫人本生混沌之氣，氣生精，精生神，神生明。本於陰陽之氣，氣轉為精，精轉為神，神轉為明。欲壽者當守氣而合神，精不去其形，念此三合為一，久則彬彬自見。身中形相輕，精益明，光益精，心中大安，欣然若喜，太平氣應矣。修其內，反應於外。內以致壽，外以致理。非用筋力，自然而致太平矣。」這種對精氣神的分析與中國醫學經典《黃帝內經》中的論述相似。

被後世尊為「萬首丹經王」的《周易參同契》約成書於西元126—167年，由東漢魏伯陽所作。作者集「大易」「爐火」學說為一體，在《龍虎經》的煉丹基礎上，寫出了這部道家內丹氣功傑作。該書以乾坤、坎離等八卦為數學模型，揭示了煉內丹的過程和火候，一直被尊崇為內丹氣功經典，並被譽為「萬古丹經王」，成為對後世影響極大的權威巨著。

漢末名醫華佗，擅長於外科，又精於術數，他在前人經驗的基礎上，把莊子的「熊經鳥伸」術發展為形象的「五禽戲」：「一曰虎，二曰鹿，三曰熊，四曰猿，五曰鳥。」「能除疾，兼利蹄足，以當導引。

體有不快，起作一禽之戲，怡而汗出，因以著粉，身體輕便而欲食。」

　　他在《呂氏春秋》中「流水不腐，戶樞不蠹」的理論和《淮南子》一書中提到的六種動物動作的指導下，模仿五種動物的活動形象，鍛鍊心身，以發揮「通經活絡，調和氣血，耳聰目明，齒堅顏悅」等健身作用。後來五禽戲廣泛流傳於民間，深受人民喜愛。相傳華佗的學生吳普，由於堅持這套功法鍛鍊，「年九十餘，耳目聰明，齒牙完堅」。另有學生同樣用這種功法鍛鍊身體，則享壽百餘歲乃去。

三、三國兩晉南北朝時期養生氣功簡況

　　由東漢進入三國、兩晉、南北朝時期，這個時期雖然戰亂頻繁，但氣功仍有一定的發展，《黃庭經》《抱朴子》《養性延命錄》等一些氣功著作相繼問世。《黃庭經》是晉代的一部氣功專著，被道家尊奉為「學仙玉律，修道金科」。此書一般認為傳自魏華存，全書分《外景經》《內景經》兩部，一般認為《外景經》先出，《內景經》後出，係由前書推衍而

成。《黃庭經》以人體黃庭部位及臟腑皆有主神之說為本，結合中醫臟腑作用的理論，用七言韻文形式，闡述氣功修煉的理論根據及長生久視之訣。

　　所謂黃庭乃人體之部位，有學者認為「臍內空處，即黃庭也」。該處係人身根本之所在，與人體的健康長壽有關，黃為中央之色，庭為四方之中，表示中空之意。所謂黃庭三宮，即上宮腦中、中宮心中、下宮脾中，這三丹田的概念，為後世內丹術的興起奠定了基礎。陶弘景對氣功、醫學研究造詣頗深，養生專論氣功的就有《養生延命錄》《導引養生圖》《養生經》等。

　　兩晉以來，北國佛教特別重視禪定，既有覺賢、羅什、佛陀、達摩等人東來授禪，又有智嚴、京聲等人西行求法，形成了當時禪法的各個流派。

　　北魏遷都之前，嵩山已逐漸成為禪僧集居之所，遷都之後，孝文帝在西元495年為佛陀禪師建少林寺，自此嵩山少林寺更以禪法馳名。達摩於南朝宋末初至廣州，後到北魏，在洛陽、嵩山等地傳授禪學，屬於大乘禪法。

四、隋唐時期養生氣功簡況

隋唐氣功廣泛應用於袪病療疾方面，並出現了三大古典醫籍《諸病源候總論》《備急千金方》和《外台秘要》，都是關於氣功醫療保健方法和理論的豐富記載。例如，由隋代著名醫學家、氣功養生家巢元方（西元550－630年）編著的醫學巨著《諸病源候總論》，乃是一部系統記載應用氣功導引方法防治疾病的重要醫學氣功學文獻，該書對後世氣功發展影響甚大。

唐代著名醫學家、氣功養生家孫思邈（西元581—682年）提倡從實際出發，遵循「易則易知，簡則易叢」的原則，搜集多種功法，使人一看就懂、一學就會。他的著作甚多，除《備急千金要方》《千金翼方》外，還有《攝生真錄》《攝養枕中方》《養生要錄》《氣訣》《真氣銘》《龍虎通元訣》《龍虎篇》等。在孫氏的著作中，載有胎息、閉息、內視、六字氣訣等功法及其應用。

孫氏繼承了唐代以前氣功的精粹部分，並在此基

礎上有所發展和創新。他在氣功理論上頗有建樹，《攝養枕中方》中精闢地闡明了神與氣的辯證關係：「若欲存身，先安神氣。」「若欲安神，須練元氣。氣在身內，神安氣海，氣海充盈，心安神定。若神氣不散，身心凝靜，靜至定俱，身存年永。」在氣功方法上他也有獨創之處，提出了「五時七候」的練功步驟與層次。

五、兩宋金元時期養生氣功簡況

宋代對印刷技術的革新，為刊印書籍創造了條件，氣功專著及佛經、道藏類書日漸增多，使一大批氣功資料得以保存。內丹術在原有基礎上進一步發展，並逐漸形成流派。

宋代對醫書的編寫、整理非常重視，先是在尚書院中編錄醫書，後又於西元1057年專設校正醫書局，專事醫籍之整理，歷十餘年，陸續刊印了大量醫著，其中包括《諸病源候論》《千金要方》《金匱要略》等富有氣功內容的重要醫籍。

北宋政府召集全國著名醫家編著的醫學巨著《聖

濟總錄》中不僅彙集了官方所藏醫書、藥方，而且廣泛搜集了民間藥方，同時編入導引、服氣兩部分。在導引即動功鍛鍊方面，它引錄了被後世稱之為《左洞真經按摩導引訣》中的各節，其中包括現在所用的一些保健功法和《備急千金要方》中的兩套動功（太上混元按摩法、天竺按摩法）；在服氣部分介紹了多種呼吸鍛鍊方法，並就行氣鍛鍊進行論述。

如：「凡初行氣之時，先安身和體，若氣未調身不安者且止，和乃行之。氣至則形安，形安則鼻息調和，鼻息調和則清氣來至。」又如：「凡初行氣時，必須心意坦然，勿疑勿畏，氣即難行，若四體調和，意自欣樂，不羨一切事，即日勝一日。」意為強調練功中修心養性的重要性。該書在強調服氣作用時說：「長生之道，在於行氣，靈龜所以長生，服氣故也。」他所介紹的多種服氣方法中，有的至今仍有相當重要的參考價值。

宋元時期，也是中醫養生學術發展較快的時期，出現了不少著作，專論養生，兼及氣功，如《三元延壽參贊書》《壽親養老新書》《泰定養生主論》等。

在其他一些醫學者作中，如《聖濟經》《雞鳴普濟方》《醫說》等書中，也有豐富的氣功內容。

六、明清時期養生氣功簡況

進入明清時期，氣功發展達到一個新的階段。其特點為各門各派氣功名家輩出，大量氣功著作問世。在明朝，氣功受到醫學界的普遍重視，在不少醫學著作中，如《古今醫統大全》《醫學入門》《奇經八脈考》《景岳全書》等都載有氣功治病、養生的內容。此外，尚有一些氣功養生專著相繼問世，如《攝生要錄》《修齡要旨》《修真秘要》《壽世保元》《養生膚語》等等。

時至清朝，編纂歷代各類書籍蔚然成風，醫學尤其是包括氣功養生內容在內的大量醫學書籍問世（多達五六十種），對氣功養生的發展起到了促進作用。明清時期醫學氣功的發展進入了歷史上空前繁榮的時期，取得了普及與提高兩方面的巨大成績。氣功醫學人才輩出，各種有關理論和氣功療法也更體現出科學性和實踐性。李時珍的《奇經八脈考》，當時被稱為

練功家和醫家的「八寶指南」。

明清醫學氣功已發展到了比較高級階段，這為現代醫學氣功的發展奠定了堅實而寬厚的基礎。但自乾隆之後清王朝每況愈下，至道光皇帝，我國淪為半殖民地半封建社會，從此生靈塗炭，民不聊生，氣功養生事業也處於停滯不前的狀態。

七、近代養生氣功簡況

民國初年，靜坐法較為風行，有些學者也編著了有關氣功的書籍。如蔣維喬所著《因是子靜坐法》，是當時靜坐法的代表作，又如丁福保編著的《靜坐法》等等。但由於當局對中醫藥採取取締政策，致使氣功處於奄奄一息的狀態。

中華人民共和國建立後，人民政府頒佈了「面向工農兵，預防為主，團結中西醫，衛生工作與群眾運動相結合」的四大方針。黨和政府對氣功的挖掘、整理和研究工作非常重視，建立了臨床與研究機構，培養了專業人員，交流工作經驗，取得了顯著成效。

上世紀50年代，創建了唐山氣功療養所和河北省

北戴河氣功療養院，在唐山、北戴河先後開辦了幾期氣功訓練班，為全國各地醫療單位培訓了氣功專業人才。

　　1957年，上海市也成立了氣功療養所，使氣功在上海得到了迅速發展。同年《氣功療法實踐》出版，1959年唐山市氣功療養院的《內養功療法》問世。在北京、天津、南京、遼寧、甘肅、浙江等省市的一些醫院、療養院，也相繼開設了氣功病房和門診，於是氣功普及到了全國各地。

　　近年來，氣功在臨床觀察和理論研究等方面都有了長足的發展，並於1981年以來，相繼成立了中華全國中醫學會氣功科學研究會和中國氣功科學研究會，標誌著氣功發展到了一個新的階段。

　　1985年12月25日，中國氣功科學研究會經國家經濟體制改革委員會批准正式成立，這是中國氣功史上的一件大事，標誌著中國氣功事業將沿著科學的軌道向更高級的階段發展。

　　國家體委於1997年5月7－9日，在京召開了全國健身氣功管理工作會議，要求各級體委將健身氣功作

為全民健身的重要內容列入議事日程，採取切實措施，抓緊抓好。各有關政府部門要在各自的職責範圍內貫徹落實部委檔精神，使全國的社會氣功活動呈現出積極、健康、有序發展的良好勢頭，社會上某些損害群眾利益、影響社會治安及穩定的不良現象得到一定程度的控制。

第三節　養生氣功的定義與分類

一、養生氣功一詞的由來

多數學者認為，氣功一詞首見於晉朝許遜著的《靈劍子》一書，其後學者胡德周、胡宏道編校的《太上靈寶淨明宗教錄》中也特別提到氣功一詞。另有學者認為，氣功術語最早見於《太清調氣經》，其「練氣法」中有「服氣功餘暇，取靜室無人，散發脫衣」之說，同時期的《中山玉匱服氣經》云：「氣功妙篇，氣術之道略同。」裏面也提到「氣功」一詞。這裏的「氣功」，「氣」指「氣術」，「功」指功

德，而非功夫，總的意思是指由修煉氣術（如行氣、運氣等）與修德（指做善事），在體內已達到了「道氣功成」的程度。

在「氣功」二字的含義中雖有練氣與修德的內容，但它並沒有成為這一含義的代名詞。自此以後，隨著氣功的逐漸宗教化，「氣功」一詞也未在氣功中發生影響，直至明、清時期，宗教逐漸衰弱，武術與氣功緊密結合，形成了武術氣功。影響甚巨的《易筋經》就反覆強調了氣，道家武當拳術也極重視氣功之應用，但前者擅長硬功，後者主體內之「神意氣」。至清朝末年，《少林拳術妙絕》第一章「氣功闡微」中詳論習武者練氣、養氣之重要意義，並有詳細的練法，氣功由此漸漸顯赫於世。

二、養生氣功的定義

養生氣功是一種煉氣的功夫，是練功者發揮主觀能動作用，對身心進行自我鍛鍊的健身方法。這種健身方法由對形體和精神的修煉，主動地對自我進行整體性的調整，起到「自我修復」「自我調整」和「自

我建設」的作用。

養生氣功鍛鍊的「氣」叫做「真氣」，真氣包括「先天之氣」和「後天之氣」。「先天之氣」分精氣和元氣兩種。先天之氣是基礎，是動力；後天之氣是人體生命活動的物質來源。

人體生命及其一切活動靠先天之氣的推動，靠後天之氣的不斷滋養，兩者互相依存，構成人體生命活動的真氣。煉氣就是使真氣循經絡路線，內通五臟六腑，外達四肢百骸，給機體供應充分的能量，從而使新陳代謝旺盛，增強機體的生理功能，提高人體健康水準。

劉貴珍於1987年在其再版的《氣功療法實踐》一書中對氣功作了進一步闡述：「氣功在我國有著悠久的歷史，在歷代醫書中都有記載。諸如『吐納』『導引』『定功』『靜功』『內功』『調息』『靜坐』等都屬於氣功的範圍。這些名稱雖不相同，但都是從不同角度，藉由姿勢、呼吸、心神的調練，來達到培育元氣的目的。這就是我們統稱的『氣功』。

在中醫理論中，『氣』的含義非常廣泛，從人體

來講，氣是一切生命活動的物質基礎，並概括了全部生命活動，生命活動停止，氣也隨之而消失。元氣的盛衰決定著人體的強壯與衰弱。所以，我們把培育元氣的健身法稱之為氣功，這充分體現了『以氣為本』的中國醫學傳統理論觀點。」

三、養生氣功的分類

（一）從練功的內容上分類

從練功的內容上分，氣功可分為性功、命功和性命雙修功。我國古代的道、佛等家都重視性命功的修持。道家以精、氣、神為本；醫家以精、氣、神皆為性命修煉的主旨，而性命雙修則集性功、命功之大成，為佛道功法之根本大法。

1. 性　功：

「性」指心性、神意的活動。古稱「心為地，性為王，王居心地上」（《壇經》）。性功主要從練神入手，完全集中於意識活動的鍛鍊。開始多從上丹田練起（但守上丹田者並非都屬於性功），或不靠意

守，任其自然。佛家參禪，以及以一念代萬念等凡以調心為主的功法均屬於此。當然，涵養道德、陶冶性情也屬性功範疇，腦力勞動者宜練此功。

2. 命　功：

命指腎精以及身軀有形之物與氣。命功從練精入手，有聚津生精、練精化氣、練氣化神等階段，開始多守下丹田。導引、按蹻等凡是以調身為主的功法多屬此。

3. 性命雙修功：

首先，任何一種功法的高級階段都雙修。有先修性功而後修命功以完，先有修命功後修性功以完雙修者；有開始就上練神慧以修性，下練元精以修命而行雙修者。總之，性命雙修對於任何功法，特別是道佛兩家功法都特別重要。

（二）從練功的姿態分類

氣功的練功姿態總體上可分為動、靜兩大類。凡是具有形體運動的統稱為動功，保持靜態姿勢的稱為靜功。動功多是外動而內靜，動中求靜；靜功則是外

靜而內動，強調意和氣的鍛鍊，因此古有「內練精氣神（或內練一口氣），外練筋骨皮」之說。

實際上動、靜內外之分也並非絕對的，往往是動靜結合，內外兼練。

1. 站　功：

又稱站樁。站功對於強壯身體、發動真氣、增進體能等有明顯的效果。它不僅是一種氣功鍛鍊的方法，也是武術的基本功，是達到武術上乘功夫的重要途徑。古人云：「要把骨髓洗，先從站樁起。尤其練內家拳的都注重站樁，如太極拳的小馬步樁、通背拳的羅漢樁等。」故站樁不僅適於老弱病人，也適合於健康人、青壯年和體育愛好者。

2. 坐　功：

是靜功鍛鍊的基本姿勢。此法易於啟動真氣而不外散，有助於打通經絡，並觀察內景，故為歷代氣功界所推崇。坐功姿勢也有多種，通常有平坐（坐在椅、凳上）、盤膝坐（又分為自然盤即散盤；單盤即其中一腳上抵會陰，另一腳置於大腿根部；雙盤即兩腳分別壓於兩腿上），俗稱「五心朝天坐」以及跪坐

（跪姿，臀部坐在小腿和腳上）等多種。

3.臥　功：

以臥式練功。作用與坐功相似，啟動真氣稍慢，較坐功更有利於放鬆入靜，但也易入睡。

臥功姿勢又有側臥和仰臥之分。以臥姿練功，氣機發動較其他方式明顯。對於行動不便的患者，臥功是唯一可行的方法。

4.行　功：

在行進中練的功法。行功多從武術的一些基本步法脫胎而來，如太極拳中的蝸步，八卦掌中的璘泥步等等。行功易學易練，也不易出偏差，而且有和暢氣血、疏通經絡的作用。

實際上，多數氣功功法是動靜相兼的。一是練動功又兼有靜功，二是某些功法具有動、靜兩種特點，要求外動內靜，由動歸靜。

（三）從養生氣功流派的角度看

歷史上存在著醫、儒、道、釋、武等不同流派的修煉方法，實際上這是同源而異流。在修煉方法上各

流派互相滲透、互相移植，已無法界定清楚，不過在修煉的目的方面，卻是各不相同的。但儒、道、釋、醫、武各家的修煉方法都有健身作用，健身氣功應廣徵博採，取其精華。

1. 道家養生氣功

道家氣功主張「修心煉性」，指的是人要適應自然，取法於自然，與自然同化，並提出了上、中、下三丹田的理論，提出煉性、煉命，「性命兼修」的實際原理。傳統的看法認為老子是道家的創始人，莊子繼承並發展了老子的思想。以後發展的一些信奉老子的道教組織都公認老子是道家的鼻祖。實際上老子也是學習了他的前人的修煉思想，才總結出「道」與「德」的學說。

幾千年來崇拜「道德」學說的人們按照這種理論來修煉自己，有的組織了宗教，加進了其他目的，但是都有共同的修煉內容。總的來講，道家氣功有一個共同特點，即是按照「恬淡虛無」「清靜無為」來修煉的。

道家氣功術法林立，內容豐富。道家認為精、

氣、神是人體生命活動最基本的物質，故以精、氣、神為修煉的基礎，以寶精、固氣、嗇神為修煉原則，從而達到精足、氣充、神旺的目的。道家氣功重視性命雙修，形神並練，它有一套完整的「從有為以造無為」「先修命後養性」的理論和精細的氣脈雙修、還丹內斂、吐納導引、動靜相兼的練功口訣，無論動功、靜功，都有理論、有系統、有次第、有方法，並且還有一套糾治練功偏差的方法，以及練功與「服餌」相結合的營養學和煉丹煉汞的技術。

這一系列所謂「有為無為」「修命養性」以及醫藥、煉丹、服餌、吐納、導引等的理論和方法，都是值得我們研究的。

2. 儒家養生氣功

先秦儒家著作中有關於氣功原則的論述，但並未形成「儒家功」，當時對氣功的一些論述只是習練氣功的心得體會而已。其理學家在理論上主靜，行動上主張靜坐，其淵源主要來自佛、道兩家，在氣功方面初無自具特色的理法。

儒家氣功以「煉心」為主旨，著重於道德的淨

化與陶冶，在練功中引入了倫埋規範，重視修身治學，攝生養氣。一方面，他們把「修身」當做「用世」「治世」的基礎，如《大學》中說：「身修而後家齊，家齊而後國治，國治而後天下平。」另一方面，又特別強調在「用世」「治世」的實踐當中「修身」，把「用世」看成「修身」的繼續，或者說是修身的一個飛躍。總之，以「修身」為本，與「治學」和「用世」三者的統一是儒家氣功的特色。

3. 佛家養生氣功

佛教是西元前6世紀由古印度王子悉達多・喬達摩（釋迦牟尼）所創立。佛家氣功是以佛家思想為理論基礎，主張依經、律、論三藏，修持戒、定、慧三學，以斷除煩惱，達到成佛、修成正果的最終目的。其中的氣功部分是以坐禪和意念活動為主的，能產生一些氣功功能和練成舍利子等等。

中國佛家氣功又有天臺宗、淨土宗、禪宗、密宗等眾多流派，其中每一派又分出無數支流，所謂「八萬四千法門」乃是舉數之言，實則是「法門無量」的。佛家氣功止觀雙運、定慧雙修，講求「依戒資

定，由定生慧，依慧而斷除妄惑，顯發真理」。

4. 醫家養生氣功

醫家氣功是以醫療健身為目的的氣功，吸收融合了各種有利於防病治病的自我鍛鍊方法。這裏是與道家、佛家氣功交叉的，道家、佛家氣功可以健身，也可以給人治病，醫家氣功中也有關於道家、佛家練功時修煉的成分。與道家相比，醫家更注重人體本身的生命運動，對於經絡、臟腑的氣化過程和規律，有更為深入細緻的認識。

醫家氣功不僅是醫家修身治學的基本實踐，也是醫家濟人惠世的重要方術。《黃帝內經》所列醫家治病的五種主要方法中的導引、按蹻、吐納、行氣本身就是氣功，而按摩、針灸亦和氣功有密切關係。

5. 武術養生氣功

武術養生氣功起源於明、清，它是武術與氣功相結合的一種特殊氣功，是技擊與養生兼而有之的武術氣功，主張動靜雙修，內外兼顧。其特點是以充盈內氣為基礎，強調意、氣、力、形相結合，注重凝神聚氣、以意驅氣、以氣引形，從而增強形的功能。武術

氣功可以提高人體反應的靈敏度，強壯內臟及筋骨的
功能，具有強身健體、防身禦敵的功效。

第二章　養生氣功健身的基礎理論

　　氣功健身的基礎理論源於古代養生學，是融會中國古典哲學與中國醫學理論之精而形成的獨特理論體系。

　　目前，社會上流行的氣功功法較多，在編排組合上各具特色。然而，無論人們給他們的功法冠以何種名稱，在對人體作用上仍是大同小異。它們都是由練功，以調和陰陽，疏通氣血，調整臟腑，以達到調養精、氣、神，防治疾病，延年益壽的目的。

　　無論哪種功法，其功理均建立在中國醫學理論基礎上，其練功方法和原則的應用亦受中國醫學理論的指導。其主要內容有陰陽五行學說、臟腑學說、經絡學說以及精氣神學說等基礎理論。

第一節 養生氣功與陰陽五行學說

一、養生氣功與陰陽學說

陰陽學說是我國古代樸素的唯物論和辯證法思想，是人們認識和解釋世界的一種世界觀和方法論。它認為，自然界的萬事萬物都包含著陰陽兩個方面，而陰陽的對立統一活動，是宇宙間一切事物變化、產生和消亡的根本原因，世界本身就是陰陽二者對立統一變化發展的結果。

陰陽是哲學的概念，不是具體事物，但我們可以按照陰陽學說對陰和陽的特定屬性，將世上萬物分成陰和陽兩大類：凡是運動、溫熱、興奮、向外、向上、擴散、開放、前進、功能性、明亮的，都屬於陽；凡是靜止、寒涼、抑制、向內、向下、凝聚、閉合、後退、器質性、黑暗的，都屬於陰。如天在上為陽、地在下為陰；熱為陽、寒為陰；動為陽、靜為陰；表為陽、裏為陰等等。

但事物的陰陽屬性並非絕對的，只是相對而言。陰陽圖如圖2－1所示。

圖2－1

陰陽學說的基本內容，可以用「對立、互根、消長、轉化」八個字來概括。對立，即互為矛盾，如天與地、寒與暑、動與靜、呼與吸、開與合等等。

世界上任何事物都存在著相互對立的兩個方面。

互根，即互為依存，陰陽各以對方作為自己存在的前提和條件，任何一方都不能脫離另一方而單獨存在。如沒有動就無所謂靜，沒有寒就無所謂暑。就人體生理而論，陰是指人體有形物質，陽是指人體的功能，沒有人體功能的作用，人體有形物質就不能生長，沒有人體有形物質作基礎，人體的功能就無從發揮。

消長，陰陽相互對立、相互依存構成了陰陽的矛盾運動，雙方的數量以及之間的比例會不斷地變化，這就是陰陽的相互消長。如寒甚則熱，熱甚則寒，陰消則陽長，陽消則陰長。陰陽總是處在不停的運動變

化之中。

轉化，即互變。陰陽雙方在一定的條件下可以向自己的對方轉化，即陰可以轉化為陽，陽可以轉化為陰。陰陽相互轉化產生於事物發展變化的「物極」階段，即「物極必反」。

綜上所述，陰陽學說的基本內容不是孤立的，而是相互聯繫、相互影響、互為因果的。

中華養生學就是根據這一基本原理，研究出人類要生存長壽，必須遵循陰陽法則，「法於陰陽」「把握陰陽」「和於陰陽」，以求得陰陽合二為一的中和之氣。養生家則認為，「人身，陰陽也；陰陽，動靜也；動靜合一，氣血通暢，百病不生，乃得盡其天年」。用陰陽來說明人體的生理活動和病理變化的基本規律，認為人體的生命活動是「孤陰不生，孤陽不長」「陰平陽秘，精神乃治」「陰陽離決，精氣乃絕」。這就是說，人體生命活動的正常進行，身體健康的維護，是由機體在不斷運動和變化中保持著「陰陽」能動的平衡來維持著，這種過程，中國醫學叫做「陰平陽秘」。

修煉氣功與陰陽學說有著非常密切的關係。陰陽學說在氣功實踐中對功法的編排組合，辨證施功，練功方法和原則都有指導意義。

二、陰陽學說在養生健身氣功中的運用

陰陽學說是中國古代研究自然界一切事物或現象的一種哲學思想，也是中醫基礎理論的組成部分，它運用陰陽學說來說明人體的組織結構、生理功能、病理變化，並指導氣功習練的各個方面。

1. 調　身：

是指練功時自覺地調整身體的姿勢或動作。由於動功的外形表現為形體活動為主，而體內要求做到心神寧靜、思想集中，故為外動內靜，即陽中有陰。又如靜功雖然外形相對不動，而體內的氣血運行加快，臟腑功能活動增強，故為外靜內動，即陰中有陽。

這是以陰陽學說的陰陽無限可分的觀點來闡明調身的內涵。

2. 調　息：

是指練功時自覺地調整呼吸的方式和節律。調息

包括調整呼氣和吸氣兩個方面。呼出體內代謝產物，主要是二氧化碳，中醫稱之為濁氣、病氣。呼氣以祛邪為主，屬於瀉法，故呼氣屬於陰；吸進新鮮空氣，主要是氧氣，中醫稱之為清氣。吸氣以扶正為主，屬於補法，故吸氣屬於陽。

健身氣功在練功時由一呼一吸的鍛鍊，不斷扶正祛邪，取得良好效果。

這是以陰陽學說陰陽互根互用的觀點來闡明調息的內涵。

3. 調　心：

是指練功時自覺地調整心理活動，以達到心理平衡。調心比較重視意念中火候和方式的運用。如果意念強，即火候大的，屬陽；而意念弱，即火候小的，屬陰。又如意念固定在某一個部位，屬陰；意念沿著經絡路線移動的，屬陽。

這是以陰陽學說陰陽消長平衡的觀點來闡明調心的內涵。

三、辨別人體的陰陽屬性選練相應的功法

（一）指導習練者因人選功

中醫把胖人分屬陰，瘦人分屬陽。又以人的行為和態度，把人歸類為太陰之人、少陰之人、太陽之人、少陽之人和陰陽平和之人五種，並認為「凡五人者，其態不同，其筋骨氣血各不等」。其中太陽、少陽之人相當於興奮型和靈活型；喜靜的太陰，少陰之人相當於抑制型；動靜適宜的陰陽平和之人相當於安定型。

由於人的形體不同，在功法選擇上也應有別。一般情況下，屬陽性形體者以練偏動的陽類功法為主，屬陰性形體者以練偏靜的陰類功法為主。這是因為形體和氣質不同，在選練功法不當時易誘發某些疾病。若不注意功法的陰陽屬性，就達不到練功的最佳效果，甚至出現練功出偏。

（二） 指導習練者按體質和病情進行辨證 練功

中醫學認為人體的陰陽必須保持相對平衡，才能健康長壽，如果人體受到內外因素的影響，導致陰陽失衡，就會產生亞健康或陰虛陽亢證、陽虛陰盛證、陰盛陽衰證、陽盛陰衰證等各種病症。平衡陰陽是中醫調理原則之一。

氣功具有整體調節、平衡陰陽的作用，如對具有陽盛陰衰或陰虛陽亢體質的人，宜採用偏重於泄出體內陽熱濁氣的功法進行鍛鍊；如對陰盛陽衰或陽虛陰亢體質的人，宜採用偏重於益陽消陰的功法進行鍛鍊；如對陰陽偏盛偏衰不太明顯體質的人，宜採用調和陰陽的功法進行鍛鍊。這是以陰陽學說中陰陽平衡的觀點來辯證練功的。

四、養生氣功與五行學說

五行學說是中國古代一種樸素的唯物主義哲學思想，屬元素論的宇宙觀，是一種樸素的普通系統論。

五行學說認為：宇宙間的一切事物，都是由木、火、土、金、水五種物質元素所組成，自然界各種事物和現象的發展變化，都是這五種物質不斷運動和相互作用的結果。天地萬物的運動秩序都要受五行生剋制化法則的統一支配。

五行學說用木、火、土、金、水五種物質來說明世界萬物的起源和多樣性的統一，自然界的一切事物和現象都可按照木、火、土、金、水的性質和特點歸納為五個系統。

五行學說是說明世界永恆運動的一種觀念，一方面認為世界萬物是由木、火、土、金、水五種基本物質所構成，對世界的本原作出了正確的回答；另一方面又認為任何事物都不是孤立的、靜止的，而是在不斷的相生、相剋的運動之中維持著協調平衡。所以，五行學說不僅具有唯物觀，而且含有豐富的辯證法思想，是中國古代用以認識宇宙，解釋宇宙事物在發生發展過程中相互聯繫法則的一種學說。

武當
道教養生長壽功

（一）五行的特徵主要是相生相剋

1. 相　生

五行之中相互生存、相互促進的關係，稱為相生；其規律為木生火、火生土、土生金、金生水、水生木。這種相生關係用通俗的語言來說，就是母子關係。以土為例，生土者火，則火為土之母；生金者土，則土為金之母。

2. 相　剋

五行中互相制約、互相剋服的關係，稱為相剋。其規律為木剋土、土剋水、水剋火、火剋金、金剋木。這種規律表示任何一方都具有剋我、我剋

圖2－2

的關係，即「所勝」「所不勝」的關係。（圖2－2）

（二）五行歸類推演法則

《內經》在長期觀察和經驗積累的基礎上，以五

行的屬性來概括人體各部分的聯繫和人與自然的關係。（表2－1）

表2－1　五行屬性及人與自然關係示意圖

自　　然　　界					五行	人　　　體					
五味	五色	五氣	五方	五時		五臟	六腑	五官	五榮	五體	五志
酸	青	風	東	春	木	肝	膽	目	爪	筋	怒
苦	赤	暑	南	夏	火	心	小腸	舌	面	血脈	喜
甘	黃	濕	中	長夏	土	脾	胃	口	唇	肉	思
辣	白	燥	西	秋	金	肺	大腸	鼻	毛	皮毛	憂
鹹	黑	寒	北	冬	水	腎	膀胱	耳	髮	骨	恐

五、五行學說在養生氣功中的作用

首先，在氣功練習中，習練者都非常重視將調意、調息作為練功要素來指導自己的行為，在這些練習氣功的要素中都自覺不自覺地融會了五行學說的思想。如肺虛時，醫療功法常用意念讓脾胃氣精微上達於肺，因為在五行中，肺屬金，脾屬土，土生金，這

是運用了五行相生的規律（有的用意守足三里穴，其意亦在此）。肝有實邪時，功法常運用意念讓脾胃之正氣衝擊肝區，這是運用了五行中「相乘相侮」的理論。因為肝屬木，脾屬土，肝旺可以乘脾，但只要脾盛則可以不受肝所剋，甚至可以反侮於肝。

第二，用五行學說來指導練功的時間與方向。許多功法的鍛鍊都規定了練功的方向、時間、季節的最佳效果，五行學說是其根據之一。例如五方（東、南、中、西、北）、五季（春、夏、長夏、秋、冬），以及五臟（肝、心、脾、肺、腎）分別配屬五行（木、火、土、金、水）。有的功法明確提示在春季晨起面向東方效果比較好；有的功法規定坐北面南。

第三，用五行學說指導功法的選擇。每套氣功的功法都有它自己的療效特點，根據辨證來選擇功法是醫家氣功的一個特點。例如，辨證上屬肝鬱脾虛的病，可以選擇養氣健脾的功法，如揉腹、腹式呼吸和按足三里的治療方法，其目的就是使脾旺不受肝所乘。又如辨證為肝陽上亢的患者，選擇意守湧泉等俞

穴，湧泉為腎經俞穴，而腎屬水，水生木（肝）。

第二節　養生氣功與臟腑學說

古人對人的解剖生理的認識是以臟腑學說為基礎的，一般稱之為五臟六腑（解剖部位大致相同）。

五臟指心、肝、脾、肺、腎（還有心包）。

五臟有貯藏精、氣、神、血等人體基本生命物質的功能，分別與身體的某些組織器官有密切的關係。

六腑指膽、胃、小腸、大腸、三焦、膀胱，有轉化食物的功能，包括消化、吸收、排泄的作用。

五臟和六腑有互為表裏的作用，臟腑有病時所反映在外面的現象稱做臟象，由臟象學說來分析推導內臟的病變情況，可以科學地指導練功。

一、臟腑學說的基本內容

五臟包括心、肝、脾、肺、腎以及心包，在陰陽分類中屬於陰，它們有共同的生理學特點，而又有各自的生理功能。

（一）五臟的生理功能

1. 心主血脈，包括主血和主脈兩個方面。

全身的血，都在脈中運行，依賴於心臟的推動作用而輸送到全身。脈，即血脈，是氣血流行的通道，又稱為「血之府」。心臟是血液循環的動力器官，它推動血液在脈管內按一定方向流動，從而運行周身，維持各臟腑組織器官的正常生理活動。中醫學把心臟的正常搏動、推動血液循環的這一動力和物質，稱之為心氣。

另外，心與血脈相連，心臟所主之血，稱之為心血，心血除參與血液循環、營養各臟腑組織器官之外，又為神志活動提供物質能量，同時貫注到心臟本身的脈管，維持心臟的功能活動。

心主神志，即心主神明，或稱心藏神。中醫學從整體觀念出發，認為人體的精神、意識、思維活動是各臟腑生理活動的反映，因此把神分為五個方面，分別與五臟相應。故《素問》說：「心藏神、肺藏魄、肝藏魂、脾藏意、腎藏志。」人體的精神、意識、思

維活動，雖然與五臟都有關係，但主要還是歸屬於心的生理功能。心是藏神之所，是神志活動的發源地。

2. 肝主筋，其華在爪筋，即筋膜，包括肌腱、韌帶等組織結構。

筋膜附於骨而聚於關節，是聯結關節、肌肉，專司運動的組織。肝主筋，是說全身筋膜的弛張收縮活動與肝有關。中醫學認為，人體筋膜的營養來源於肝臟。如《素問》說：「食氣入胃，散精於肝，淫氣於筋。」因此，肝的血液充盈，筋膜得養，功能才能正常，從而使筋力強健，運動有力，關節活動靈活自如。故又說：「足受血而能步，掌受血而能握，指受血而能攝。」若肝有病變，肝血不足，筋膜失養，可引起肢體麻木、運動不利、關節活動不靈或肢體屈伸不利、筋脈拘急、手足震顫等症。

在熱性病中，若邪熱劫傷陰津、血液，筋膜失其滋養，則可引起四肢抽搐、角弓反張、頸項強直等，中醫學稱為「肝風內動」。故《素問》說：「諸風掉眩，皆屬於肝。」「諸病強直，皆屬於風。」正因為風證與肝的關係最為密切，故又有「肝為風木之臟」

的說法。

由於肝主筋，與運動有關，因此，又有「肝為罷極之本」的說法。「罷極」，即指耐受疲勞之意。人的運動能力屬於筋，又稱之為「筋力」。因肝藏血，主筋，所以肝為人體運動能力的發源地。爪，包括指甲和趾甲。中醫學認為，爪甲是筋延續到體外的部分，故又稱「爪為筋之餘」。

3. 脾主運化

運，即轉運輸送；化，即消化吸收。脾主運化，是指脾具有把水穀（飲食物）化為精微，並將精微物質轉輸至全身的生理功能。脾的運化功能，可分為運化水穀和運化水液兩個方面。

運化水穀，即是對飲食物的消化和吸收。飲食入胃後，對飲食物的消化和吸收，實際上是在胃和小腸內進行的，但是，必須依賴於脾的運化功能，才能將水穀化為精微。

運化水液，也有人稱做「運化水濕」，是指對水液的吸收、轉輸和布散作用，是脾主運化的一個組成部分。飲食物中營養物質的吸收，多屬於液態狀物

質，所謂運化水液的功能，即是對被吸收的水穀精微中的多餘水分，能及時地轉輸至肺和腎，由肺、腎的氣化功能，化為汗和尿排出體外。

4. 肺主氣、司呼吸。

主，即主持、管理之意。肺主氣，即指全身的氣均由肺來主持和管理。肺主氣包括主呼吸之氣與主一身之氣兩個方面。肺主氣，與呼吸功能有關，即肺主呼吸之氣。呼吸功能是人體重要的生理功能之一。

人體一生中，都在不斷地進行著新陳代謝，在物質代謝過程中，一方面要消耗大量的清氣，同時又不斷地產生大量的濁氣，清氣需不斷地進入體內，濁氣需不斷地排出體外，都要依靠肺的生理功能。

主宣發與肅降。所謂「宣發」，即宣佈、發散之意。肺主宣發，即肺臟具有向上、向外升宣佈散的生理功能。這種功能主要體現在以下三個方面：

其一是通過肺的氣化，使體內濁氣不斷排出體外。其二是使氣血、津液輸布至全身，以發揮滋養濡潤所有臟腑器官的作用；其三，宣發衛氣，調節腠理之開合，由汗孔將代謝後的津液化為汗液排出體外。

若肺失宣散，即可出現咳嗽、吐痰、喘促胸悶、呼吸困難以及鼻塞、噴嚏和無汗等症狀。

通調水道。人體的水液代謝在生理活動中具有十分重要的作用，它主要包括水分的攝入、在體內的轉輸利用和代謝後水液的排泄等幾個環節，是在多個臟腑參與下共同完成的，肺是其中之一。肺調節水液代謝的作用稱為「通調水道」，主要體現在調節汗液的排泄。排泄汗液，是人體水液代謝的一部分。

5. 腎主骨、生髓的生理功能。

實際上是腎之精氣具有促進機體生長發育功能的一個重要組成部分。中醫學認為，腎藏精，精生髓，髓藏於骨腔之中，髓養骨，促其生長發育。因此，腎——精——髓——骨組成一個系統，有其內在聯繫。腎精充足，髓化生有源，骨質得養，則發育旺盛，骨質緻密，堅固有力。反之，如腎精虧虛，骨髓化生無源，骨骼失其滋養。

「髮」指頭髮。腎其華在髮，是指腎的精氣充盛，可以顯露在頭髮上，即髮為腎之外候。故《素問》說：「腎之合骨也，其榮髮也。」髮的生長與脫

落、榮潤與枯槁，不僅和腎中精氣的充盛程度有關，而且還和血液的濡養有關，所以又有「髮為血之餘」的說法。但頭髮的生長，根本在於腎，這是因為腎藏精，精能化血而充養頭髮的緣故。

（二）六腑的生理功能

1. 膽附於肝，膽內所藏膽汁由肝之餘氣所化生。

膽的主要生理功能是貯藏和排泄膽汁，以助飲食物的正常消化。膽汁依賴肝的疏泄，注入小腸，以助食物的消化，使脾胃的運化功能得以正常進行。肝的疏泄正常，膽汁排泄暢達，則脾胃運化健旺。肝的疏泄失職，膽汁施泄不利，則影響脾胃運化。膽汁直接幫助食物的消化，故為六腑之一。因膽藏精汁，而無傳化水穀的功能，故又屬奇恒之腑。

2. 胃位於中焦，上口為賁門接食道，下口為幽門通小腸。

胃分三部，分別稱為上脘、中脘、下脘，統稱胃脘。胃的主要生理功能是受納與腐熟水穀，胃以降為和。①受納與腐熟水穀。水穀入口，經過食道，容納

於胃,故稱胃為「太倉」「水穀之海」。水穀經過胃的腐熟,下傳於小腸,其精微經脾之運化而營養全身。②主通降,以降為和。胃主通降,指胃氣通降將食物殘渣下輸於小腸、大腸的功能。胃氣以降為和,以通為用,從而保證水穀的不斷下輸和消化吸收。胃主通降是其受納的前提。

胃的生理功能源於胃氣。由於胃氣的盛衰、有無,直接影響營養的來源,關係到臟腑的功能活動和生命的存亡。臨床上診治疾病,亦十分重視胃氣,認為「人以胃氣為本」,診脈須察胃氣的有無,治療以保護胃氣為重要的原則。

3. 小腸位於腹中,上端接幽門與胃相通,下端接闌門與大腸相連。

小腸的主要生理功能是受盛化物和泌別清濁。①受盛化物。小腸受盛化物功能主要表現在兩個方面:一是盛受經胃初步消化的食物,起到容器的作用;二是食物在小腸內緩慢下輸,持續一定的時間。小腸的化物功能,指食物在小腸內進一步消化、吸收。②泌別清濁。泌別清濁,指小腸對食物消化的同時,隨之

進行分清別濁的功能。分清，是將食物中的精華吸收，再經血液運化全身。別濁，是將食物殘渣下輸大腸，形成糞便；將剩餘的水液經腎的氣化滲入膀胱，形成尿液。故有「小腸主液」之說。

4. 大腸亦位於腹中，上端在闌門處與小腸相接，下端緊接肛門。

大腸的主要生理功能是傳化糟粕。傳化，即傳導、變化。大腸接受小腸下輸的食物殘渣，向下傳導，同時吸收其中部分水液，將糟粕變化為糞便，經肛門排出體外。大腸的功能失調，主要表現傳導失常和糞便的改變。

5. 膀胱位於下腹。膀胱的主要生理功能是貯存和排泄尿液。

水液經腎的氣化生成尿液，下輸於膀胱。膀胱內的尿液貯存到一定容量，經腎和膀胱的氣化作用，可及時自主地排出體外。

6. 三焦是上焦、中焦、下焦的合稱。

三焦概念有二，其一為六腑之一；其二為單純的部位概念。作為六腑之一，三焦的主要生理功能是主

持諸氣、總司人體的氣機和氣化及疏通水道、運行水液。①主持諸氣，總司人體的氣機和氣化。三焦是氣的升降出入的通道，又是氣化的場所。它能通行元氣，元氣是人生命活動的原動力，根源於腎，通過三焦而充沛於全身，所以說三焦是元氣運行的通道。三焦通行元氣的功能，關係到全身的氣化作用。②疏通水道、運行水液。三焦具有疏通水道、運行水液的作用，是水液升降出入的通路。三焦的水道通利，水液才能正常代謝。

（三）五臟與六腑之間的關係

五臟與六腑之間的關係，主要是陰陽表裏互相配合的關係。五臟為陰，六腑為陽；陽者為表，陰者為裏。一臟一腑，一陰一陽，一裏一表相互配合，由其經脈互為絡屬，使得五臟與六腑在生理功能相互聯繫，病理變化相互影響。臟象學說認為，臟與臟、臟與腑、腑與腑之間有密切聯繫，並共同完成機體的生理功能。

臟與臟之間的關係，主要從生理功能的共同之處

來闡述：心與肺是心主血與肺主氣的氣血互利關係；心與脾和肝是心主血、脾統血、肝藏血的互利關係；心與腎是「心腎相交」「水火既濟」的互利關係；肺與脾是氣的生成和津液的輸布兩方面的互利關係；肺與肝是氣機升降運動的互利關係；肺與腎是水液代謝和呼吸運動兩方面的互利關係；肝與脾是肝藏血主疏泄、脾統血主運化的互利關係；肝與腎的關係表現在精血互生和陰液相通兩方面。

肝、腎同居下焦，肝藏血，腎藏精，精能生血，血能化精，故有「精血同源」「肝腎同源」之說；脾與腎是先天與後天的互利關係。此外還有五行生剋關係。臟與腑的關係是陰陽表裏的關係，臟為陰為裏，腑為陽為表。根據經絡學說，心與小腸、肺與大腸、腎與膀胱、肝與膽、脾與胃都是通過經絡相互連接，在生理、病理上相互影響的。

二、臟腑學說在養生氣功中的應用

養生學把握臟腑的陰陽五行相剋關係，採用適當的手段方法，根據不同情況養生治身。如腎屬水，金

生水，肺屬金，則養腎須肺金氣旺。肺主呼吸，因而養腎者易練氣功呼吸導引之術。又土生金，脾生肺，因而養腎須治肺，養肺又須脾土氣旺。脾土中氣足盛，後天水穀運化功能健全，就能充分營養肺金及其他臟肺百骸，肺氣足則腎精滿，同時，又納五臟滿益之精而藏之，這樣，真氣充足，形充而神旺。

氣功中的調身能增強臟腑的功能，尤其是周身導引的動功。在吐納法中，宜以「噓」字訣去肝的一切熱聚之氣。調身能促進心主血脈和肺主氣的功能，使氣血流通全身。調身還可使肝主疏泄功能增強，舒展的練功姿勢和調心相配合，能使肝氣條達舒展，使氣機通暢，促使氣血的運行。

脾主四肢肌肉，調身中的四肢、肌肉運動，可促進脾胃的運化功能，脾所運化的水穀精微就會源源不斷地輸送和營養全身。另外，調身也促進肝主筋、腎主骨的功能，這樣，才能使氣功內練精、氣、神，外練筋、骨、皮的目的得以實現，這也是氣功能全面增強人體體質的機理。

第三節　養生氣功與經絡學說

一、經絡學說的主要內容

經絡是經脈和絡脈的總稱。經有路徑的意思。經絡分為正經和奇經兩大類，它是經絡系統的橫行幹線，正經有手足三陽經和手足三陰經，合稱「十二經脈」，奇經有督、任、衝、帶、陰陽維，陰陽蹺，合稱「奇經八脈」。

絡有網路的意思。絡脈是經脈的分支，絡脈有別絡、孫絡、浮絡之別，縱橫交錯，網路全身，無處不至。它的作用是「內屬臟腑、外絡肢節」（《內經·靈樞》），是人體內環境各個系統（五臟六腑）之間、內環境與體表各部位（肢節皮膚）之間，以及內環境和外環境之間交聯的信息通道，是氣血運行使身體各子系統之間代謝水準梯度分佈維持著正常的動態分佈的通道。

經絡學說的主要內容　經絡包括：手足十二經

脈、十二經別、奇經八脈、十五絡脈、十二經筋、十
二皮部。

經絡的名稱與循行是古代醫家根據「天人相應」
的觀點，應用陰陽、五行學說的理論對人體內外、上
下、左右、臟腑器官、經絡氣血運行的規律總結出來
的。即按內為陰、外為陽，臟為陰、腑為陽的原則，
將分佈於肢體內側（或腹部）的經脈統稱陰經，將肢
體分佈外側（或背部）的經脈統稱陽經。

陰經與臟腑的關係是屬臟絡腑，而陽經與臟腑的
關係是屬腑絡臟。經脈之間又有交接關係和借絡脈相
聯形成全身上下內外、臟腑肢體的網環，使氣血在其
中週而復始運行不已，供給組織營養，運走代謝廢
物，對內外刺激給予應答反應，以保持機體內部與外
在環境的相對協調與統一。

循環分佈於肢體外側的三條經脈分別稱做陽明
經、少陽經、太陽經；分佈循行肢體內側的三條經脈
分別稱做太陰經、厥陰經、少陰經。太陰與陽明互為
表裏，厥陰與少陽互為表裏，少陰與太陽互為表裏，
分佈於上肢的經脈冠以手字，分佈於下肢的經脈冠

以足字，配上相應所屬的臟腑器官，構成手足十二經脈。

　　手足十二經脈名稱與分佈如下：手太陰肺經、手陽明大腸經、手厥陰心包經、手少陽三焦經、手少陰心經、手太陽小腸經；足太陰脾經、足陽明胃經、足厥陰肝經、足少陽膽經、足少陰腎經、足太陽膀胱經。

　　奇經八脈是溝通連接手足十二經脈的重要體系之一，起調節疏通手、足十二經脈氣血偏盛或偏衰作用。奇經八脈名稱是：衝、任、督、帶、陰維、陽維、陰蹺、陽蹺脈。手足十二經脈與奇經八脈中的任脈、督脈合稱十四經脈。十四經脈上布有一定的穴位，稱為十四經穴。

　　十四經脈循行次序為：手太陰肺經——手陽明大腸經——足陽明胃經——足太陰脾經——手少陰心經——手太陽小腸經——足太陽膀胱經——足少陰腎經——手厥陰心包經——手少陽三焦經——足少陽膽經——足厥陰肝經。經氣上注於肺分支連接任脈——督脈——手太陰肺經。手足陰陽經脈循行方向可歸納

為：手三陰經從胸走手，手三陽經從手走頭，足三陽經從頭走足，足三陰經從足走胸腹。

任脈則統管一身陰經，為諸陰經之海。督脈則總督一身之陽經，頭為諸陽之會。衝脈連接腎經與任脈、帶脈，連接足少陽膽經。陰蹻脈連接腎經與膀胱經，陽蹻脈則與膀胱經、膽經、大腸經、腎經連接；陰維脈連接腎經、脾經、肝經、任脈；陽維脈連接膀胱膽經、小腸經、三焦經。

經絡學說源於《內經》，主要論述了人體手足十經經脈的內外循行起止路線，十二經脈分別「屬絡」各臟腑的關係；十二經脈與臟腑的功能發生異常變化的病候（病理過程出現的症候群）指出各條經脈穴位有主治本經病症的作用，即經脈所過主治所及的關係；十二經別、十五絡、十二經筋的分佈與作用；奇經八脈的分佈情況與功能；十二經標本，根結之間的上下、內外對應的聯繫及全身的穴位及依據人體骨骼部位的尺寸（骨度）作為取穴的標準，闡明人體中營氣、衛氣在經絡內外運行分佈並受宗氣推動的情況及對人體組織器官的作用。

歷經數千年醫家不斷完善允實經絡學說的理論與內容，使經絡學說形成自己獨特的理論體系。

二、經絡學說與養生氣功

氣功鍛鍊與經絡的關係極其密切，尤以與奇經八脈中的任、督二脈關係最深，很早就有「任、督兩脈通，則百脈皆通」的說法。《莊子》指出：「緣督以為經，可以保身，可以全生、習以養親，可以盡年。」因此，通督成為傳統功法的基本要求。

現在人們也非常重視小周天功夫的修煉。練功的實踐證明：練功達到通小周天後，身體健康狀況就會明顯改善，身體素質也會有不同程度的提高。

氣功的通經活絡作用，是由循經運氣來實現的。氣功強身治病的作用，也必須由「通經活絡」這一機制來實現；由意與氣的鍛鍊，修煉者根據需要，只要稍一用意念，即可把內氣調到指定的地方去，這種調動路線也是根據經脈走向而行的。

（一）子午流注

「子午流注」是根據宇宙日月陰陽變化的週期性規律來研究歸納萬物時空同步的科學理論。用子午流注學說來認識人體經絡氣血運行正是「天人相應」觀點的有力體現。

幾千年臨床實踐證明，人體氣血運行是與自然界週期運行規律同步的。氣候變化對人體氣血運行有直接的影響，其時序是依經絡循行為依據。「子午流注」理論用於經絡學說並形成針灸學大致完善於金、元以後，竇漢卿著《標幽賦》提出「納支法」，徐鳳《子午流注按時定穴歌》提出「納干法」的具體推算法，是以井、滎、俞、經、合五俞穴配合陰陽五行為基礎，運用干支配合臟腑，以干支計年計月計日計時推算經氣在經脈中流注（運行）的盛衰與開合。

依照自己臟腑所患的疾病，選其相應的時辰練功。認為經穴開時，如潮之漲，氣而當盛，正氣充足；經穴合時，如潮之落，血而漸衰，正氣亦虛。因此在氣功鍛鍊時，首先要確定疾病的臟腑定位和辨別

病情的虛實，然後根據氣血流注到該臟腑經脈的時間，採取「實則迎而奪之」的方法，即指實證的病人在該經氣血流注之時進行練功；「虛久隨更濟」，即指虛證病人在氣血流過該經後一小時進行練功。例如，心臟病實證患者在午時（11時～13時）練功；屬於虛證的患者，應在氣血流過心經一小時的未時（13時～15時）練功，其餘臟腑疾病可以依此類推。

子時氣血流經膽經　　　23時～1時

丑時氣血流經肝經　　　1時～3時

寅時氣血流經肺經　　　3時～5時

卯時氣血流經大腸經　　5時～7時

辰時氣血流經胃經　　　7時～9時

巳時氣血流經脾經　　　9時～11時

午時氣血流經心經　　　11時～13時

未時氣血流經小腸經　　13時～15時

申時氣血流經膀胱經　　15時～17時

酉時氣血流經腎經　　　17時～19時

戌時氣血流經心包經　　19時～21時

亥時氣血流經三焦經　　21時～23時

(二) 周天運氣法

周天運氣法是氣功學中的概念，古稱「河車搬運」功，佛家稱「法輪常轉」，道家稱「丹鼎鉛汞」，這是一種意守練功達到一定程度時自我感覺經氣循經周身依次運動的現象。根據練功的程度自我感應亦不同，有小周天、大周天、卯酉周天之分。

「小周天」即通過練功而打通任、督二脈，使經氣沿任至督周流不息。任脈為奇經八脈之一，起於胞中，下出會陰，經陰阜沿腹部正中線上行，通過胸部、頸部到達下唇內，上至齦交，分行至兩目下。任脈有「陰脈之海」之稱，主管調節陰脈之氣。督脈為「陽脈之海」，總督一身之陽經。督脈起於胞中，下出會陰後行於腰背正中，經頸部進入腦內，屬腦，並由頸沿頭部正中線，經頭頂、額部、鼻部、上唇到上唇系帶處。任督二脈之氣交通把上、中、下、前、後幾個丹田連接起來維持陰陽協調，促進氣血運行，使機體環境處於自我協調平衡的穩態。這種小周天亦稱子午周天。

「大周天」，在練功達到通小周天的基礎上升到更高的境界，即全身經脈都能打通。以常規練功方式進行呼氣，意守丹田，使氣下沉丹田後經會陰分為兩股，分別沿大腿內側的三陰經向下運行至足心湧泉穴，再伴隨吸氣，從足外側提氣使氣上升，經腿外側三陽經上升至會陰穴，提肛收腹，使氣沿督脈過「三關」遍行於背直達百會，再順兩耳前經面頰會合於舌尖，再開始呼氣。這種運氣方法稱大周天。

大周天打通標誌十四經穴經氣運行的暢通，氣血運行暢通則臟腑功能協調平衡，機體生命活動旺盛，有如「流水不腐，戶樞不蠹」之理，邪不可干而達到祛病延年之保健目的。

（三）丹田論

丹田是人的生命能源，生命之氣由此發出，生命之機由此發動，鼓舞臟腑經絡氣血的新陳代謝，流轉循環自動不息，生活得以保持，生命賴以相續。《難經》所謂「腎間動氣」，亦稱「命門」。總之，丹田可說是人體精氣神的寶庫。

　　關於丹田的部位，自古以來書籍記載與心法傳授均眾說不一，但多數氣功家認為，丹田的部位共有三個，一個在兩眉之間的印堂穴，稱為「上丹田」（有說在頭頂百會穴）；一個在兩乳之間的膻中穴，稱為「中丹田」（有說在心窩部、臍中或臍下某一處的）；位於肚臍下3指，直腸前與膀胱後之間的一個「夾室」裏，這裏就是所謂的「氣海」或稱「下丹田」，有氣則開，無氣則闔。

　　丹田在氣功修煉上是聚集和凝集「氣」的竅位。《難經・三十六難》中說：「臍下腎間動氣者，人之生命也，十二經之根本也，故名曰原。」楊玄操注：「臍下腎間動氣者，丹田也。丹田者、人之根本也，精神之所藏，五氣之根原，太子之府也，男子以藏精，女子主月水，以生養子息，台相陰陽之門戶也……故知丹田者，性命之本也。」

　　說明下丹田與人的生長發育以及元氣的出入盛衰關係較大，透過氣功上的「練精化氣」首先充實五臟，疏導經絡。故經常意守下丹田有抗衰防老、延年益壽的作用。

第四節　精氣神學說

一、精氣神學說的基本內容

精氣神是構成生命活動的物質基礎，是組成和維持人體生命活動的根本要素。俗話說：「天有三寶日、月、星，地有三寶水、火、風，人有三寶精、氣、神」。精氣神學說是研究精氣神與人體生命活動關係的學說，在氣功學說中佔有特殊重要的地位。

（一）精、氣、神的概念

「精」，有廣義與狹義兩種。廣義的「精」，是指構成人的生命和維持生命活動的基本物質，包括精、血、津等。狹義的「精」專指腎臟之精，是促進人生長、發育和生殖功能的基本物質。精的來源，即受於先天父母生殖之精，又賴於後天飲食水穀精微的給養，兩者相互依存，相互作用。根據「精」的來源、功能和作用，又可分為「先天精」「後天精」

「生殖之精」和「臟腑之精」等。

「先天精」又叫元精，是人體生長發育的基礎，它來自於父母的精血，是構成人體生命活動的原始微觀物質，從胚胎生長開始，一直到老死為止，不斷地在滋生化育，發揮其生命力，調節和主宰人的生殖、生長和發育。中醫學認為，「先天精」包括了「生殖之精」，因此，「先天精」從某種意義上說，主要就是指的「生殖之精」，二者關係相輔相成，密不可分。

「後天精」，是來自於後天五穀飲食的營養，由脾胃化生而成，其精微部分轉輸到臟腑，構成了「臟腑之精」，這也說明了二者的關係。由後天經脾胃運化，吸收而變化成的精微營養物質，謂之後天之精，成為臟腑功能活動的物質基礎。

先天之精和後天之精是相輔相成的，先天之精依賴於後天精氣的不斷培育和充養，才能發揮生理效應；後天之精又依賴於先天之精的活力資助，才得以化生不息。

「氣」，在養生理論中，一方面，它被認為是人

體中的一種基本的微妙物質，另一方面，它又更多地表現出是「精」這種生命物質而轉化為功能態和能量態。古人說：「氣入身來為之生。」「人在氣中，氣在人中，自天地至萬物，無不賴氣以生者也。」

元氣是先天固有的，賴後天之氣不斷補充、滋養，是人體生命活動的原動力。五臟六腑之氣，即元、營、宗、衛等氣在各臟腑的綜合，具體體現了各臟腑的功能活動。

宗氣是由脾胃化生的水穀之精氣和肺吸入的自然界的清氣相結合而成，它不僅能上出息道，以司呼吸，發聲音，而且又能貫血脈，以推動和調節心臟的搏動，還能靠肺的肅降作用蓄於丹田。

營氣是指行於脈中富有營養作用的氣，主要來自脾胃運化的水穀精氣，由水穀精氣中的精華部分所化生，具有營養並化生血液的生理功能。

由水穀精微化生而來且行於脈外的氣稱為「衛氣」，其主要生理功能除能夠護衛肌表、防禦外邪入侵和溫養臟腑、肌表、皮毛等外，還能夠調控腠理的開合、汗液的排泄以及維持體溫的恒定。

　　生命現象，實質上就是「氣」這種物質運動變化的具體形式。「氣」的運動稱為「氣機」，主要以升、降、開、合、聚、散、出、入的形式進行運動，「氣」的運動一旦停止，也就意味著生命活動的終止。活動於人體內的「氣」，主要是指元氣、內氣、正氣，亦即真氣。

　　「神」，是人體生命活動現象的總稱。換句話說，精氣神的「精」，是指「氣」物質的運動變化的狀態和規定；神是生命活動的主宰，具有綜合平衡全身陰陽、氣血、表裏上下、臟腑百脈的功用；神是依賴氣和形體的存在而體現其作用，整個機體從大腦到內臟，從五官七竅到經絡、氣血、精、津液以及肢體的活動，無不依賴神的作用而維持其正常生命活動。古人有「得神者昌，失神者亡」的論斷，可見神在人體生命活動中的重要性。神可分為「元神」和「識神」兩種。

　　「兩精相搏謂之神」，這個神是接收了父母之精，在胚胎時即已形成，是先天之神，稱為「元神」，它具有不受人的精神意識、思維活動的支配而

主宰生命活動的功能。

「識神」係指人的精神、意識、思維，實質是指人的大腦功能，是大腦對外界事物的反映，它主宰著人的一切精神、心理活動與行為活動，影響著整個人體各方面生理功能的協調平衡。

「元神」是「識神」的基礎，又靠後天精、氣滋養，抑制「識神」，保護「元神」，從而發揮「元神」所固有的潛在作用。中醫講的「神」實際上是概括了神經──體液調節系統的全部活動功能。中華醫學提出，保精、益氣、養神乃是「精神不蔽，四體長春」，得享天年的重要途徑。

只有透過練功，才能獲得節約「精」的道理和方法，用功夫聚「精」於體內。練功還可以使元氣充盈，氣機通暢。氣功主要以靜養神，入靜後，情志活動減少，從而使五臟之氣安定，氣機隨之平和，精、氣方能化生神。

（二）精氣神三者的關係

精、氣、神是構成人體生命的基本要素。人的生

命起源是「精」，維持生命的動力是「氣」，而生命活力的體現就是「神」。

精、氣、神三者之間是相互滋生、相互助長的，它們之間的關係很密切。精為神之舍，有精就有神，所以積精可以全神，神傷則精無所守。精又為氣之母，精虛則無氣，人無氣則亡。精、氣、神三位一體，存則俱存，亡則俱亡。精脫者死，失神者亦死。精、氣、神三者，是人體存亡的關鍵。

人在後天的生活中，為了抗衰老，保持身體健康，為了積精養神，要由修煉氣功，以培補元氣為主，加強精、氣、神的鍛鍊與養護，精滿、氣旺、神足，則精力充沛，身體健壯。因此，前人提出了氣功修煉的「練精化氣，練氣化神，練神還虛」的具體措施，以達袪病延年的目的。

二、精氣神學說在養生氣功中的應用

精、氣、神三位一體，相互為用、相互促進、相互轉化，正如古代養生家所說：「積神生氣，積氣生精，煉精化氣，煉氣化神。」氣功鍛鍊對精氣神三者

的相互滋生和轉化有著明顯的促進作用。

氣功鍛鍊人體的精氣神，各種功法方法不一，但大多是由疏通經脈、煉氣以養、涵養精神等逐步實現的。其中透過對人體身上的一些經絡、穴位和上、中、下三個丹田，特別是對以「兩腎為中心」的下丹田以及膻中、勞宮、湧泉等經穴的意守、存想和特定的呼吸法的鍛鍊、調節來實現的。

意守以臍為中心腹部丹田的鍛鍊，主要是加強對「神、氣」的鍛鍊。意守命門、關元、會陰的鍛鍊，除具有煉神氣的作用外，重點是「煉精」。而意守勞宮、湧泉的鍛鍊，則更有利於誘導「清氣上升」「濁氣下降」……由於以臍為中心的丹田與「兩腎」和全身的臟腑、經絡都有密切聯繫，這就決定了它們的特殊地位和重要作用。

氣功非常重視養生煉氣，由煉氣以養，增強人體氣化（氣化指氣的運動和變化），使全身之氣充沛。人體的氣具有很強的活力，流行於全身，無處不有。氣的升降出入運動稱為「氣機」。

氣機暢通，氣才能在臟腑、經絡、四肢、諸竅中

川流不息，維繫、推動、激發、協調、平衡人體的各種生理功能。氣機的升降出入運動暢通無阻，機體則健旺，否則，氣機失調，即氣機的升降出入運動受阻，機體就會出現「氣滯」「氣逆」「氣陷」「氣結」「氣鬱」和「氣閉」等病理狀態。氣機運動一旦止息，生命活動也就會終止。可見，氣是維持人體生命活動的最基本物質。

氣功養生煉氣，一是由導引、行氣、按摩等方法激發和培補元氣，二是結合各種調神、調息、練形的方法來增強人體氣化功能和促使氣血運行。

氣功鍛鍊中，尤其重視對「神」的保養。氣功一直把同源、同生、同時存在的形和神看做人體生命活動中統一整體的兩大要素，主張「形神共養」。認為只有「形與神俱」，才能「盡終其天年」。所謂「形神共養」，是指氣功實踐中同時注重形體養護和心神調攝，既要使形體健康，又要使心神健旺，還要使形體與心神協調、均衡地發展。修身以立命養神，存心以安心養性，如此長期鍛鍊，可以培養和陶冶人的高尚情操，達到精盈、氣充、神合的修身養性目的。

第三章　中醫的養生學研究

　　隨著社會的發展、醫學的進步和人民生活水準的不斷提高，人類的平均壽命不斷增高，人口老齡化已成為一個引起全世界關注的社會問題。

　　中醫學在延緩衰老方面有著豐富的理論與實踐經驗，從《黃帝內經》起，中醫學就建立發展起了獨特的衰老學說，總結了很多寶貴的延緩衰老的方法，是世界醫學的寶貴財富。因此，總結中醫衰老學說及防治原則，對面對老齡社會、提高老年人口健康水準具有重要意義。

　　自從西方醫學傳入中國後，它和西方醫學中的衰老和抗衰老研究逐漸相互滲透，日益緊密結合。長期以來，科學家努力探索衰老的原因，設法查明衰老機制，其目的就是想在遵循客觀規律的情況下，力爭推遲人的衰老或老而不衰，延年益壽。但是截至目前，

生命科學雖然有突飛猛進的發展，卻還沒有一個較為肯定的結論。能夠獨立地、完滿地闡明衰老發生的根本原因。

國外對衰老起因的研究，上世紀40年代是以病理形態學研究為主，50年代是以生理功能和生物化學研究為主，目前已經發展到細胞生物學和分子生物學的研究時期。現代醫學關於養生（衰老和抗氧化）的理論歸納起來，有以下幾種假說。

第一節　中醫的衰老理論

一、陰陽失調學說

中醫學認為陰陽之間的變化是一切事物運動變化的根據，同時也是生命生長、發育、衰老以至死亡的根本原因。所以《素問·陰陽應象大論篇》曰：「陰陽者，天地之道也，萬物之綱紀，變化之父母，生殺之本始……」《素問·生氣通天論篇》又說：「生之本，本於陰陽。」這些都表明古人認為只有陰陽平

衡，生命活動才能正常進行，如果陰陽平衡被打破，則會導致機體發生疾病、衰老以至死亡。

機體衰老的過程也就是陰陽失去平衡，出現偏盛偏衰或陰陽兩虛的結果。若進一步發展，陰陽不能相互為用而分離，人的生命活動也就停止了。《素問·生氣通天論篇》的「陰平陽秘，精神乃治；陰陽離決，精氣乃絕」，則是對這種學說的概括與總結。

後世醫家在此基礎上結合各自實踐加以發揮，對此學說進行了不斷的完善，指出衰老的發生不但在於機體陰陽的平衡，而且要與四時陰陽相適應。

如唐代孫思邈指出：「人年五十以上，陽氣日衰，損與日至，心力漸退，忘前失後，興居怠惰……食慾無味，寢處不安……」說明了陽氣式微是衰老發生的原動力。

李杲在其《脾胃論》中記載：「五常政大論云，陰精所奉其人壽，陽精所降其人夭……夫陰精所奉者，上奉於陽，謂春夏生長之氣也，陽精所降者，下降於陰，為秋冬收藏之氣也……陽主生故壽……陰主殺故夭。」指出人的壽夭與陰陽所奉及四時生殺

之氣相關，即劉完素所說：「順四時，不逆陰陽之道⋯⋯乃盡其天年而去。」

這些都是對衰老的陰陽失調說的注釋。

二、臟腑虛衰說

《內經》在論述人體衰老的原因時已明確指出，隨著年齡的增長、臟腑虛衰，則會導致衰老的發生與發展，並最終引起死亡。《靈樞・天年》認為：「五十歲，肝氣始衰 ⋯⋯ 百歲，五臟皆虛，神氣皆去，形骸獨居而終矣。」首先提出了臟腑虛衰是導致人體衰老、死亡的原因。

後世醫家在此基礎之上，結合各自的臨床經驗，對衰老的臟腑虛衰學說又各有注釋，並形成了兩種主要觀點：

1. 腎氣虧虛為主說

這一觀點主要依據《素問・上古天真論篇》的論述：「女子七歲，腎氣盛，齒更髮長 ⋯⋯ 七七，任脈虛，太衝脈衰少，天癸竭，地道不通，故形壞而無子也。丈夫八歲，腎氣實，髮長齒更 ⋯⋯ 八八，則

齒髮去。腎者主水，受五臟六腑之精而藏之，故五臟盛，乃能瀉 …… 此其天壽過度，氣脈常通，而腎氣有餘也。」認為腎為先天之本，人體生長、發育、衰老以至死亡的過程就是腎氣逐漸充實、降盛、虧虛乃至衰竭的過程。腎氣有餘，則能體健長壽，腎氣不足，則發生衰老，乃至死亡。

明代虞搏在《醫學正傳・命門主壽夭》中說：「夫人有生之初，先生二腎，號曰命門，元氣之所司，性命之所繫焉，是故腎元盛則壽延，腎元衰則壽夭。」對此學說作了簡要總結。

2. 脾胃虛衰為主說

中醫學認為脾胃主運化受納，為氣血生化之源，為人體後天之本。雖然腎為先天之本，人之初本於腎，但腎中的先天精氣也依賴於脾胃化生的後天水穀精微的充養，才能充分發揮其作用。

《靈樞・五味》曰：「五臟六腑皆稟氣於胃。」《素問・平人氣象論篇》記載：「人無胃氣曰逆，逆者死。」李東垣根據以上論述提出「諸病從脾胃而生」，脾虛則「氣促憔悴」「血氣虛弱」「皮毛枯

槁」等觀點，認為脾胃氣衰是導致衰老發生的主要原因。

張景岳在其《景岳全書》中說：「蓋人之始生，本乎精血之原，人之既生，由乎水穀之養，非精血無以立形體之基，非水穀無以成形體之壯，精血之司在命，水穀之司在脾胃。」

張志聰注《內經》曰：「受五臟六腑之精而藏之者，受後天水穀之精也 …… 是以老年之人能飲食而脾胃健者尚能筋骨堅強，氣血猶盛。」

這些觀點說明，先天腎氣亦必須依賴後天脾胃運化的水穀精微的濡養，脾胃功能強盛則身體健康而長壽，脾胃虛衰則百病叢生而早衰。

三、精氣神虧耗學說

精、氣、神為人之三寶，是生命的根本。中醫認為精、氣、神三者的狀態標誌著一個人的健康程度，如三者虧耗，則是衰老的徵象。《素問・金匱真言論篇》曰：「夫精者，身之本也。」《靈樞・本神》記載：「故生之來謂之精，兩精相搏謂之神。」《靈

樞・決氣》記載：「上焦開發，宣五穀味，熏膚，充身，澤毛，若霧露之溉，是謂氣。」歷代醫家又對此進行不斷充實發揮，豐富了學說內容。《黃帝內經素問集注》說：「神氣血脈，皆生於精，故精乃生身之本，能藏其精，則血氣內固，邪不外侵。」《素問玄機原病式》曰：「是以精中生氣，氣中生神，神能禦其形也。由是精為神之本，形體之充固，則眾邪難傷，衰則諸病易染 …… 由是氣化則物生，氣變則物易，氣甚即物壯，氣弱即物衰 ……」《重慶堂隨筆》云：「蓋腦為髓海，又名元神之腑，水足髓充，則元神清湛而強記不忘矣。」

　　綜上所述，可見歷代醫家對人體的精、氣、神非常重視，精充、氣足、神旺即是健康的標誌；如精虧、氣虛、神萎則是衰老的徵象。

第二節　衰老的過程

　　人生在世，生的慾望，病的痛苦，老的悲衰，死的恐懼是人生旅途上的基本使命。雖然長生不老是古

代中外人士都夢寐以求的，然而衰老卻像魔鬼一樣不知不覺地出現在人生的旅途上。一個儀態萬方的英俊少年，經過數十年之後，會變成一個老態龍鍾的老人，這就是由盛而衰、由生而死的完全不能以人的意志為轉移的客觀規律。

按生理發育過程來說，在性成熟後人體就進入老化，開始時老化的速度比較緩慢，通常個人覺察不到，是量變的動態過程，量的積累隨著年齡的增長，便發生質的飛躍，出現衰老的徵象。

年輕和衰老之間並沒有可以截然分開的一條界線。衰老的界線很難從年齡上劃分，年齡只能是辨別衰老的一個參考指標。人體衰老時形態和功能有以下主要變化。

一、外觀形態的變化

人的生理機能的衰退往往是逐漸變化的，最早出現的細微變化，多從形體、外貌上反映出來。常見者為皮膚、毛髮的改變，隨著年齡的增長，進而是容顏、牙齒及形體的改變。

　　機體表面的這些形態變化，主要是由組織、器官退行性改變所引起的，如細胞減少、萎縮、變性，組織彈性減低等。機體表面的改變主要表現如下：

1. 外　貌

　　衰老時，外貌表現明顯，突出地表現在面部。面部皺紋是衰老改變的重要徵象之一，它的產生是由於失水、皮下脂肪和彈性組織逐漸減少以及皮膚受到肌肉的牽拉。最早出現皺紋的地方是額部，並且隨著年齡的增加，皺紋變多變深。皺紋以後在眼角、耳前顳部及口角兩邊相繼出現。眼角和顳部的皺紋在兩眼角外側呈扇形放射狀，有人把它看成是年齡超過40歲的標誌。皮膚由於脂肪和彈力纖維的消失而鬆弛，可見眼瞼、耳及臉部皮膚下垂。

　　眼的外觀，以下眼瞼腫脹為其特徵，一般在40～50歲時出現。皮膚上還常可見到褐色的色素斑或略突出皮膚的扁平疣，稱為老年斑、老年疣，它是老年人多發的一種點狀色素沉著，60歲以後明顯增多。

　　白頭髮給人們以老人的印象，並幾乎成了老人的代名詞，也就是說，頭髮變白是老化現象。原因是色

素量少的毛髮取代了充滿色素的毛髮，直到有色素的毛髮全部被取代為止。

這裏要說明的是，比頭髮更明確地表示老化的卻是鼻毛的變白。鼻毛只生在鼻孔的入口處，數量少，它與頭髮不同，不隨年齡增加而變稀薄，因此要檢查變白的程度及變白的多少是比較容易的。鼻毛的變白多在36歲以上開始，到50歲以上時幾乎全部變白。

衰老時，除頭髮變白外，頭髮脫落也先後出現。有人提出，在60歲時，約有80%的老人出現脫髮，75歲以上則有90%的老人脫髮。此外，衰老時，一般眉毛稀疏，部分或全部呈白色，個別的眉毛全禿，且鬍鬚逐漸變白。

2. 視　力

不少人在40～50歲時發生「老花眼」，說明視力隨著年齡的增加而減退。原因是晶狀體的視調節功能改變。晶狀體如同照相機中的聚光鏡（凸透鏡），它是一個透明的有彈性的組織結構，通過睫狀肌的收縮，可以改變晶狀體的屈光能力，從而使不同大小和不同遠近的物體的形象清晰地成像於視網膜上。這就

是所謂晶狀體的視調節能力。

　　但在衰老過程中，晶狀體的彈性逐漸降低，其屈光能力逐漸減小，因而視調節能力也就逐漸降低。通常，一個 10 歲的兒童，其晶狀體的視調節能力約為 1400 度左右，至 25 歲時減至 830 度左右。

　　一個人在閱讀書本時，約需有 333 度的視調節能力，而對於一個 50 歲左右的人來說，其晶狀體的調節能力卻只有 250 度，如果這個人不是近視眼，這時必須戴一副老花眼鏡，才能使其調節能力增至 333 度以上。此外，晶狀體在衰老過程中的混濁度逐漸增加，當這種混濁使晶狀體的透明性明顯降低或喪失時，便會形成白內障。

3. 聽　力

　　一般來說，從 30 歲開始，聽力就逐漸減退，至 50 歲左右便開始自感聽力減退，例如聽不到手錶聲。在超過 65 歲的老人中，聽力減退的占 27.4%。聽力減退的原因，可能與鼓膜的增厚和彈性減退、聽小骨鏈關節的機械效能減退、內耳的聽覺神經細胞——耳蝸的毛細胞數逐漸減少等有關。

4. 身　高

老年人由於椎間盤萎縮變薄，脊柱變短且彎曲，會出現駝背和身高降低。如果同時合併臀部及膝部彎曲，勢必加重身高的降低和姿態的改變。

國內有人對 534 名老年人進行了 8 年的觀察，發現在8年內男性老人平均降低了3.7公分，女性老人平均降低3.9公分。

5. 體　重

多數老人的體重逐年減輕，減輕的程度隨攝入的營養、體質與生活方式而異。其原因在於細胞逐漸減少。當然也有不少人體重減輕並不明顯，甚至有所增加。

衰老時，除上述機體表面的改變外，老年人還常伴有牙齒脫落。在牙齒脫落後，牙齦萎縮，齒槽吸收，致使臉面下部皺縮，口腔變形，顯得嘴巴與鼻子間的距離縮短。

二、各系統功能的改變

在人的衰老過程中，整體功能的衰老表現為機體

自身穩態調節範圍變窄，反應力、適應力、免疫力和貯備力下降，個別器官甚至功能喪失（如經絕期後的婦女卵巢停止排卵）。

結構的基本變化是細胞萎縮、數量減少，細胞內脂褐素沉積，細胞間質增多，組織纖維化和硬化，致使器官體積縮小，重量減輕，從而引起各器官系統功能的退變。在衰老過程中，各器官系統主要有以下一些改變。

1. 循環器官

老人心血管的改變，大多由於血管硬化引起。冠狀動脈硬化，使其管腔變窄，心肌血液供應減少，心肌營養不良，心肌萎縮，導致心率變慢，搏出量減少，65 歲的老人其心輸出量僅為青年人的 60%～70%。由於心肌硬度增加，順應性降低，心力儲備減少，突然過重的心負荷，易引起心力衰竭。

老人大動脈管壁硬化，彈性減退，對血壓的緩衝作用減弱，引起收縮壓增高，舒張壓降低，若同時伴有小動脈硬化，舒張壓也會升高。由於心收縮時的後負荷增大，可引起心肌肥大，心室擴大。

老人靜脈管壁彈性減退，血流緩慢，易發生靜脈淤血。由於頸動脈竇、主動脈弓壓力感受器敏感性降低，血壓易受體位改變的影響，從臥位突然轉變為直立位時，可發生體位性低血壓。

2. 呼吸器官

呼吸肌萎縮，胸廓變形、變硬，肺組織萎縮，彈性減退，可使胸廓和肺擴張受限，順應性降低，肺活量減少。呼吸道管壁萎縮變薄，管腔擴大，肺泡擴大、融合，造成肺氣腫，兩者均可使生理無效腔增大，肺泡通氣量減少。

由於肺泡融合，呼吸膜總面積縮小和毛細血管數目減少，肺泡氣體交換效率降低，呼吸頻率較年輕人為快，體力活動負荷增大時更為明顯。

3. 消化器官

老人牙鬆動甚至脫落，咀嚼功能減弱，味覺減退。消化道平滑肌萎縮，胃腸運動和緊張性減弱，易引起胃、腸下垂。食物在腸內停留時間延長，易發酵產氣；水分吸收過多，容易便秘。消化腺結構和功能的退變，致使消化液分泌減少，食物的消化、吸收功

能降低，可引起消化不良。

肝發生增齡性縮小，肝功能減退。膽囊收縮功能減弱，膽汁在膽囊內過度濃縮，膽固醇沉積，易引起膽石症和膽囊炎。

4. 泌尿器官

老人腎萎縮，腎單位減少，腎小動脈硬化，腎血流量減少，致使腎小球濾過率、腎小管和集合管的重吸收以及分泌排泄功能發生增齡性降低。腎對尿的濃縮能力減退，易致多尿。

膀胱肌萎縮變薄，纖維組織增生，膀胱容量減少，括約肌萎縮，尿道纖維化而變硬，以及神經調控功能的改變，膀胱常發生不自主收縮，易引起尿頻、尿失禁和夜尿增多等現象。

5. 生殖器官和內分泌腺

性腺萎縮，功能退化。男性精子生成減少，精子活力降低。女性卵巢排卵不規則，月經不調，直至排卵停止、閉經，失去生育能力。從壯年期到老年期之間往往有一個過渡時期，稱為更年期。女性在45～50歲之間，男性在55～65歲之間。

在更年期，由於性腺功能減退，內分泌失去平衡，自主神經功能失調，會引起一系列生理功能的改變，可有頭暈、耳鳴、眼花、失眠、焦慮、易激動、記憶力減退、心悸、出汗、血壓波動、肥胖、關節肌肉疼痛等表現。

這些表現有很大的個體差異，一般女性較男性明顯。甲狀腺功能減退，老人的代謝水準降低，怕冷、倦怠；血中膽固醇含量增高，可使動脈硬化加重。腎上腺皮質功能減退，對外傷、感染等有害刺激的應激能力減弱。胰島 β －細胞功能的降低，以及細胞膜胰島素受體的減少，可使血糖水準較高，易患糖尿病。

6. 運動器官

骨骼肌萎縮，肌腱僵硬，彈性降低，收縮力減弱；有的肌組織間脂肪、結締組織及水分增多，肌肉呈假性肥大。骨質中骨膠原及黏蛋白含量減少，骨質疏鬆易變形，鈣鹽沉著過度，脆性增高而易折。骨質疏鬆多發於長骨、頭骨及骨盆等部，尤以女性為甚，這可能與性激素的同化作用喪失有關。

幾乎所有老人都伴有不同程度的骨質增生，多發

於脊柱的段或腰段。關節軟骨磨損並纖維化，關節囊硬化，關節靈活性降低。椎間盤萎縮變薄，脊柱變短且易彎曲，故老人身高降低。

7. 感覺器官和神經系統

感覺器官的結構萎縮退變，感覺功能減退。眼的老化主要表現為晶狀體彈性降低，視近物時調節能力減弱，出現老視，同時視野縮小，暗適應延長。角膜邊緣類脂質沉著形成白色的老年環。

老人中耳的鼓膜、聽骨鏈僵硬以及聽神經退變，可使聽力降低，甚至引起老年性耳聾。

鼻腔嗅黏膜萎縮，嗅神經纖維減少，嗅覺減退甚至喪失。此外，味覺、溫度覺、運動位置覺、痛覺等都有不同程度的減退。

從中年期開始，腦組織逐漸萎縮，腦重量日趨減輕，腦室和蛛網膜下腔擴大。腦動脈硬化，腦血流量減少，腦代謝水準降低，腦細胞中的脂褐素發生增齡性的增加，嚴重影響腦細胞的正常功能。由於各種感受器、效應器的衰老退變，神經纖維傳導速度減慢以及中樞神經調控功能降低，使機體的自身穩態和適應

環境的能力減弱，甚至引起各種疾病。

腦的老化引起的心理活動的衰退主要表現為健忘、感知覺減退、思維敏捷性降低、學習和語言能力下降較為明顯，但智力一般並不減退。情緒體驗的強度和持久性提高（如易激怒、愛嘮叨等）；對事物的興趣範圍變小，易產生孤獨感、自卑感，行為、思維變得刻板，易產生焦慮、恐懼、抑鬱等心理狀態。

老人雖有一些共同的心理變化，但個體之間存在明顯差異，生理衰老和心理衰老也並不都是平行的，有些人未老先衰，而另一些人則在古稀之年仍保持著旺盛的精力。

第三節　延緩衰老的中醫學原則

依據中醫衰老理論，人們如果要強身健體，養生延年，達到健康老年，必須從以下幾個方面加以重視。

一、協調陰陽

陰陽平衡是身體健康的首要基本條件。在陰陽二者之中，陽氣居於主導地位，陽氣強盛，人體強壯，才能抵禦外邪，修復自身，促進生長，保證健康。陰精是生命活動的物質基礎，陰精損耗既是人體逐漸衰老的原因之一，也是人體功能衰退的原因之一。所以，調和陰陽，補其不足，抑其偏盛，保護陽氣，珍惜陰精，以達陰平陽秘，是養生延衰的首要原則。

對此，《素問・四氣調神大論篇》論述到：「陰陽四時者，萬物之終始也，死生之本也 …… 從陰陽則生，逆之則死。」

要達到調和陰陽的目的，首先必須強調順乎四時，使人體的陰陽消長變化與自然界的變化相適應。其次，應當根據人體陰陽的盛衰情況進行調養，使之達到陰平陽秘的目的。再者，必須由忍怒以全陰，抑喜而養陽等怡養性情的方法，以調理臟腑，平和氣血，養生延年。

二、保精護腎

在中醫的延緩衰老理論中，保精護腎是一項非常重要的基本原則。這是因為，精不僅是繁衍人類的生命之源，而且是人體生命活動的最重要的物質基礎。精和腎是否充堅，是決定人體健康與否的重要因素。一旦精虧腎衰，就會引起全身各個器官功能活動的減退與障礙，導致疾病與衰老的發生。因此，古人反覆強調「善養生者，必保其精」。如古代長壽醫家的代表孫思邈說：「四十已上，常固精養不耗，可以不老。」補腎法則被廣泛應用於延緩衰老之中。

三、補益脾胃

脾胃為後天之本，氣血生化之源。歷代醫家以反覆強調了脾胃功能健運對人體健康的重要性。《脾胃論》指出，「土為萬物之母」「治脾胃即所以安五臟」。《雜病源流犀燭》曰：「脾為後天之本……故脾氣充，四臟賴煦育；脾氣絕，四臟不能自主……凡治四臟者，安可不養脾哉。」調理脾胃的原

則，《臨證指南醫案》歸納為「脾宜升則健，胃宜降則和」。

至於調理脾胃的方法，不論補虛瀉實，皆當以護脾為先。護脾之法，總的精神是益脾氣、養胃陰。此外，在飲食、情志運動等方面，處處都應立足補脾益胃，調養後天。

四、顧護「三寶」

「精、氣、神」被喻為人體「內三寶」，對於人體健康來說缺一不可。精充可以化氣，氣盛可以全神，神全則陰平陽秘，臟腑協調，氣血暢達，從而能夠祛病延年。因此，保健養生之要即是保精、養氣、全神。

總之，養生保健是中醫學獨具特色的精華之一，中醫學在其漫長的發展歷程中，歷代醫家在中醫基礎理論指導下，從不同角度總結與發展了中醫衰老學說，為人類老年醫學留下了寶貴資源。只要我們充分發掘，必將會對人類的老年事業有重大的裨益。

第四章　練功的基本原則和要領

　　氣功鍛鍊與其他健身運動不盡相同，它不是短時間的激烈運動，而是要按照練功的基本要求，用心去體會。在練功的過程中，不同階段有不同的效應，這是自然產生的，切忌刻意追求。

　　由於個體的差異，練功者要採取適合自己的練功方法和功法，不要千篇一律。

　　氣功的門派很多，但是「萬法歸宗」，都有共同的準則，初學者根據傳統的練功實踐及現代練功實踐，掌握練功的要領及方法，量力而行，順其自然地堅持下去，日久必見成效。

第一節　練功的基本原則

一、持之以恆

氣功是自我身心修煉，是一種功夫，要有足夠的功時才能奏效。有病的人身體必有經絡不通之處，五臟六腑會有偏盛偏衰，陰陽會有不平衡。俗話說：病來如山倒，病去如抽絲。這就是說，人體內一旦發生了較大的病變，要調節使之達到平衡狀態，需要一個較長的過程。因此，練氣功要持之以恆，只有堅持，才能奏效。如果練氣功「三天打魚，兩天曬網」，再好的功法也不能奏效。

二、意氣相依

意與氣合，即是「以意領氣」，隨著自己的意志來活動，如讓它上升則上升，讓它下降則下降。這裡所謂的「氣」包含兩個意義：一個是指肺部出入交換的空氣，另一個是指隨自己的意識在體內運行的氣

息。氣功鍛鍊到一定的程度時，自己會感覺到「氣」隨著呼吸的節奏在體內環行，這就是所謂「潛氣內行」。

氣與力合，就是當「氣」下降時，內臟要隨之鬆弛，如使「氣」上升，則內臟也要隨之緊縮，兩者用力的活動，恰好配合一致。如要達到呼吸悠緩細勻的要求，必須使出柔和、不粗不暴的力量，才能和意志相得益彰。這裡所謂內臟的鬆緊，包括橫膈膜、腹部和背部肌肉及腹臟的活動。尤其膈肌和腹肌一上一下、一凹一凸的強烈運動，在氣功中居重要的地位，也是氣功主要要求之一。

所以用意領氣時，必須隨時注意檢查，並加以確切估計，再以意去控制和調節。比如發覺混濁不潔的空氣忽然吹來，就不要再勉強延長深呼吸，這會引起心胸悶鬱。練功時，若精神過於緊張，就會引起疲乏而氣竭，甚至出現偏差。

三、形鬆意緊

在練氣功時一定要掌握：從人體外部看來全身並

未用一點兒力，可是在體內卻由呼吸，不斷進行鬆弛緊張交替的動作。但意緊不是用力呼吸之意，而是以意緊隨氣行。這樣鍛鍊日久，身體內部就會逐漸地健康起來。要達到形鬆意緊的要求，必須認識「鬆」的重要性。

人們在做氣功時，很容易學會「緊」，而做「鬆」則不夠。鬆的程度愈深，則氣功的效率就愈高，所以必須要盡力地做到鬆的境界。不會放鬆就要鍛鍊，放鬆的時候是在出氣之中，先由外形的肌肉放鬆，如肩、手、腳、胸、腹等的放鬆，而漸漸達到全身內部精神輕鬆。所謂呼氣時「吐如落雁」，就是比喻「鬆弛」的意思。鬆則血流暢通，不發生倦乏，不耗費體力，神態安穩，心田愉悅。

「鬆」是與調息相輔相成的。做功開頭時，一口氣呼出達不到頂鬆的境界，可以在換氣時暫不變緊，讓第二次呼氣時再初步鬆上加鬆，甚至用三次或更多的呼氣後才達到「鬆」。等達到充分鬆的程度後，換吸氣時就可以變緊，這就是氣功的一呼一吸中，進行一鬆一緊的交替工作了。劉貴珍在《氣功療法實踐》

中提到「全身肌肉要放鬆；寬衣解帶不挺胸，不聳肩，擺姿不拿勁」等等，都是強調放鬆的重要性。

在全身放鬆中，小腹放鬆更重要。由於手足用力時，小腹需要抽緊，反之，小腹放鬆則手足就不用力。小腹放鬆後，讓它暫時停止不動，繼續保持鬆弛狀態，鬆上加鬆，當然鬆的程度就更深。同時小腹應當進行有節奏而緩和的起伏運動。使腹腔內的血液循環趨於正常，且要隨時注意小腹的運動，意念集中之後，就能逐漸體會到它的功效。神經衰弱和血壓高的病人容易興奮，吸氣時往往過分「收緊」，呼氣時，卻又不夠鬆弛，因此在練功中比較緊張，大腦興奮過度，容易引起失眠。所以，必須特別注意掌握「內三合」的三原則，否則會因過分緊張而出了別的偏差。

四、順其自然　循序漸進

一般來說，氣功應當是從動功向靜功，從有為向無為、從後天向先天轉化的自然漸進的過程，這個過程是隨著練功時間的累積和功夫增長自然發展形成的。

　　動功屬陽，主外，主經絡，是氣功入門的基礎功法。動功是由肢體的運動，帶動身體「內氣」的運行，以疏通體表的主要經絡，具有初步培補元氣的效果。一般來說，動功是以祛病保健、強身健體為主要目的。

　　靜功屬陰，主內，主五臟。靜功中的「內氣」走於體內，逐步深人並充實五臟，使經絡的通導和「五行」的運化在質量上得到改善。靜功蓄五臟之氣更偏重於人體內部的調整。靜功是更為根本的練功方式。

　　修煉氣功不僅要遵循由動開始，動靜結合，由有為向無為過渡，由初級向高級發展的規律，還要在練功時間長短、負擔的運動量大小方面循序漸進，使練功在安全的前提下，逐步提高練功的功效。

第二節　練功的基本要領

一、鬆靜自然

　　放鬆、人靜、順其自然是修煉氣功的三個基本要

求。鬆，是指不緊，凡物虛而不實，或寬而不急是鬆。因此，鬆是一種不緊張的狀態，也是練功中的一種體會。放鬆，就是在練功時做到形體放鬆，精神放鬆，內臟放鬆。形體放鬆是鬆的基礎；精神放鬆，「心氣」才能柔和，謂之「清靜自正」。心正，五臟六腑才能歸正。精神放鬆，形體、內臟才能真正放鬆。放鬆要做到鬆而不懈，鬆緊適度，恰到好處。放鬆有利於收到好的練功效果。

靜與動也是相對而說的，從本質上說，人體的生命活動每一個瞬間都在不斷的運動、變化，靜只是相對的。人在清醒狀態下，大腦總是在工作著的，工作就要消耗一定的能量，所以，大腦需要在一定的時間內有一個安靜狀態，以消除疲勞，貯備能量。因此，練功時強調入靜。但是氣功的入靜與自然睡眠和普通休息不同，它乃是覺醒狀態下的特殊的入靜狀態。所以氣功的入靜是靜中有動的，只是這種動是在大腦相對安靜的狀態下進行的。鬆與靜，相互促進，放鬆可以幫助入靜，入靜可以進一步放鬆。因此，鬆、靜是同時要求的。

練功者在練功過程中入靜，包含環境相對靜，身體本身要清靜，練功的意念要靜。環境是指練功要選擇相對安靜、清潔的地方。外界干擾少，有利於入靜。自身靜，就是做到鼻腔、口腔、腸道清，清除三腔汙物、濁氣和腸道中的糟粕，排除大、小便，以免影響個人和周圍練功人的入靜。

意念清靜，就是精神要集中，遠離食欲邪念，擺脫一切煩惱之事，暫時忘掉未完成的工作、學習，要諸惡不做，心思端正，練功就易入靜。

靜功鍛鍊又往往以入靜來衡量練功的質量。練功入靜，是每一個練功者在練功過程中要隨練功時間的增長而逐步提高的。

自然，是說練功中能鬆、能靜，都應該合乎自然的要求，做到心情自然，動作自然，呼吸自然。練功中不要用意過強、主觀追求境界功夫，要勿忘勿助，勿貪勿求。練功初期，要求自然，主要指練功的方法和過程，這往往需要人為的努力才能逐步做到。只有自然，才能收效。

練功者根據自己的情況選擇所練功法、練功地

點，確定練功時間和次數，不要強求和他人攀比。各人練功是在不同的起點上改變自己的身心健康狀況，一切以適合自己為好。古人說：道法自然。這個道就是練功之道，練功的規律，也就是對姿勢、呼吸、用意等如能順乎自然，一定能鬆易靜。

二、動靜相兼

動是指形體的動與體內氣息（內氣）的動，前者可視為「外動」，後者可視為「內動」。靜是指形體的靜與精神的靜，前者可視為「外靜」，後者可視為「內靜」。就練氣功的實質說，乃是在於激發和調整人體的生理功能，使其更好地「動」起來，從而起到平秘陰陽、疏通經絡、調和氣血、培養真氣、去除病邪的作用；也就是對人體起著激發、調整修復和建設的作用。

中國醫學認為氣血不通暢就要產生疾病，而要使氣血通暢就必須使其更好地動起來。因此，動（內動）是基本的。但是，這種動的作用必須在靜的狀態下才能更好地實現，所以靜（內靜、即精神的靜）

又是練功的前提。不能更好的靜，就不能更好地起到
這種動的作用。在動靜的練法和結合上，有的以動為
主，有的以靜為主，但是，總以動靜相兼為妥。這就
是說練靜功時要作到外靜內動，靜中求動；練動功時
要做到外動內靜，動中求靜，進一步達到動靜雙眛的
境地，把動靜融合在一起。

在一般的結合上，則可根據身體的具體情況（如
年齡、性別、性格、體質、練功速度等，如是病人則
還要考慮不同的疾病以及同一疾病的不同階段等），
把動功與靜功有機地結合起來鍛鍊。例如，可在做完
靜功後接著做幾式動功；也可每天練一兩次靜功，再
練一兩次動功；也可以早晨練動功，晚上練靜功；在
開始階段或是先練靜功，或是先練動功；或是以練靜
功為主，或是以練動功為主等等，這些都要依具體情
況而定，靈活掌握。總之，只有把動靜有機地結合起
來鍛鍊，才能相得益彰，不致有偏。

三、上虛下實

上虛是指上體（臍以上）虛靈，下實是指下體

（臍以下）充實，下元充沛。練氣功講究虛胸實腹，氣沉丹田，講究氣息歸元，息息歸根；認為氣歸根，上體才能虛靈（把氣歸於丹田），氣根固，下元才能充實（把氣穩固於丹田）。因此，只有做到「上虛」時，上體才有空靈無物的感覺，只有做到「下實」時，體內才有精力充沛、內氣充盈的感覺；而上虛是以下實為基礎的。因此，不論練靜功或是練動功都應保持上虛下實的狀態；而上虛下實是靠把意念活動轉移到下體來實現的，意到氣也隨之而到。所以，練功時不能把意念活動停留在人體的上部，而是要把它放鬆下來，使它穩定在人體的中部或下部，即使進行氣息運行的鍛鍊，亦不能使其離根。

　　上虛下實，在氣功鍛鍊上具有重要意義。因為人在發育、成長到衰老的過程中，不善養生的人，到老年多呈現血壓增高、頭重腳輕、步行不穩等「上盛下虛」的徵象，這種情況尤以急躁易怒、不善修養的人為甚。因此，養生家主張引氣下行，息息歸根。充實下元，下元充實則身體自在虛靈，頭腦清晰，耳目聰明，步履穩健。

第五章　練養生氣功的方法

第一節　養生氣功自身的特點

1. 經絡、穴位、氣血學說是氣功的理論基礎

中國傳統醫學包括豐富的內容，氣功是傳統醫學寶庫的一顆瑰麗的明珠。經絡、穴位、氣血學說，是中國傳統醫學的理論，是氣功的理論基礎。經絡、穴位、氣血是非常複雜的人體現象，可以簡單而形象地解釋：經絡是氣血運行的通道，穴位是氣血運行的出入口。氣功健身祛病的道理在於穴位受到良性刺激，氣血在經絡中運行通暢。

2. 氣功體現了天人合一、人和自然合一、形神合一的整體觀。

氣功強調天人合一，人和自然界有著密切不可分

割的聯繫，人的機體受到氣候、環境等因素的影響。氣功重視人與自然界的動態適應。氣功強調人與社會的統一，社會環境對人的健康和疾病有著密切的關係，氣功修煉強調人要適應社會。氣功強調形神統一。氣功是一種中國特色的自我身心鍛鍊方法，它既可以提高人體的生理功能，又能提高人體的心理功能。氣功提高人體生理功能與心理功能是同時進行的，二者相互聯繫、相互制約。

3. 氣功受道家、儒家、佛家和醫家的影響

氣功在其形成和發展的過程中，吸取了道家、佛家、儒家和醫家的一些理論及健身祛病的方法，逐步形成中國氣功博大精深的理論體系和豐富多彩的養生技術。

4. 氣功功法豐富多彩，氣功功法種類繁多

氣功功法眾多，表現了氣功理論內容和技法的豐富。以氣功流派劃分，可分為道家功、儒家功、佛家功、醫家功和武術五大派別。以練功的動靜劃分，可分為靜、動功，一般認為太極拳就是一種動功。以練功的姿勢分，有臥功、坐功、站功與活步功。以練功

的手段分，有側重意念鍛鍊的意守功、側重呼吸鍛鍊的呼吸功、側重姿勢鍛鍊的調身功。從上世紀70年代末到現在，全國各地推行與普及的氣功功法是以動功為主，並且不少是群體練功。

5. 氣功具有預防和治療相統一的特點

修煉氣功有病祛病，無病健身。練功祛病與練功健身是統一的，二者不可分離。

6. 氣功能夠調整人內在的生理與心理功能。

氣功能夠調整人體的生理功能與心理功能；能夠充分調動人體生理的積極性與心理的能動性；能夠充分發揮人的生理潛力與人的心理潛力。

7. 氣功對人體身心具有整體性和雙向性的調節特點

氣功，不僅對人體生理功能具有多層次的調整作用，而且對人的心理功能也有多層次的調節作用。它既可對人體的神經系統進行調節，也可對人體的呼吸系統、消化系統進行調節。氣功既可調節人的情緒，又可調節人的情操。氣功既可使高血壓調整到正常水準，又可使低血壓調到正常水準。既能調整便秘，又

可調整腹瀉。氣功既可把抑鬱情緒調整到正常，又可把煩躁情緒調整到正常。

8. 氣功包含著豐富的心理學思想

氣功蘊藏著豐富的心理學思想，特別是蘊藏著豐富的健康心理學思想和醫學心理學思想。這些寶貴的醫學心理學思想，是建立與發展具有中國特色的健康心理學和醫學心理學思想的來源之一。

中國古代詩人練氣功，得到了心理體驗，寫成詩文，這些詩文反映了練功的心理效應。白居易在《冬夜》詩中寫道：「家貧親愛散，身病交遊罷；眼前無一人，獨掩村齋臥。冷落燈火暗，離披簾幕破；策策窗戶前，又聞新雪下。長年漸省睡，夜半起端坐；不學坐忘心，寂寞安可過。兀然身寄世，浩然心委化；如此來四年，一千三百夜。」陸游在《秋懷十首》之一中寫道：「辟塵當以犀，沼纓當以水；龜堂一炷香，世念去如洗；人生天地間，太倉一秭米；哀哉不自悟，役役以至死；孰能從我遊，趺坐燔柏子；夜半清磬聲，悠然從定起。」

9. 心理因素是氣功機制的重要組成部分

氣功的機制是複雜的。它是由心理因素、生理因素、生化因素所組成。心理機制是氣功機制的重要組成部分。意念、情緒、暗示、認識與信心是氣功心理機制的基本要素，這五個基本要素之間也是相互聯繫相互制約的。練功效應的大小與環境因素、心理因素、生理因素等都有關係，而心理因素是影響氣功效應的大小的主導因素。情緒穩定、心平氣和、對氣功充滿信心，堅持不懈，對氣功效應有很大作用。

10. 氣功對心理功能有很大的調節與改善作用

修煉氣功，不僅對人體生理功能具有調節和改善作用，而且對人的心理功能也具有調節與改善作用。氣功對人的情緒、意志、性格和品質都有良好影響。

第二節　修德練性

一、練功與修德練性

練氣功最重要的是掌握練功的精髓，這是練功的

關鍵，也是氣功的精華部分，是練功能否達到預期目的（如防病治病、健康長壽、開發智力等）最重要的因素，也是練功人最關心的問題。日前有人認為通大、小周天是練功的關鍵，亦有人認為練功的精髓乃是練丹。

我們認為上述兩種觀點有些片面。那麼，練氣功的精髓是什麼呢？這是一個社會科學與自然科學交叉的問題。如果說練氣功能改變人的病理狀態和生理指標等是自然科學的學問，那麼對練功效果起決定性作用的精神狀態、道德水準、世界觀等問題，卻是社會科學的學問。

要弄清這個問題，首先要弄清人的情志對人體生理狀態究竟有什麼影響，人的心理因素對人的生理狀態究竟有什麼影響，社會上各種回饋對人的情志、心理狀態的影響以及對練功人練功效果究竟有什麼影響。我們認為練功的精髓是修德練性，只有修德修得好，練性練得好，才能有自控能力，不致於使感情傷內臟，並能減少外來干擾和刺激，這是練氣功最重要的內容。

　　練氣功是自我身心修煉，除去練身之外，練心尤為重要。有些人認為每天像做操一樣多做幾遍功，或是練靜功的時間長一些就能長功，就能健康長壽。其實不然，練功的精髓在於以修德練性，而不單純在於功時的長短。如果不注重修德練性，單純地做做動作或靜功，就無異於做體操和靜坐，不能達到練氣功的目的。

　　修德是練功的保證，道德涵養對於練功人來說比常人更為重要。因為「意為氣之帥」，練功就是用自己的意念調製自身之氣，功夫越深，意念對氣的調製能力越強，這樣做的好處是可以憑藉自我的意識，能動地控制生命運動。

　　古人說：「人生不如意者常八九。」在「不如意」的情況下，人往往容易產生不良的意識衝動，引起七情的偏激。對於練功者來說，七情的刺激引起體內氣運行失常，從而危害身體健康的程度要比正常人嚴重得多。功夫越深，意念對氣的控制能力越強，則危害也越甚。怎樣才能在逆境裏保持情緒的平穩，從而保證意念活動處於良性狀態，不出偏頗呢？只有一

個辦法，就是加強道德修養，這是練功的保證，也是練功的基礎。

二、養生氣功修德的要求

各家養生氣功都有注重功德、注重武德、醫德的規定和理論，儘管各有所長，各有側重，但大致觀點是一致的。從這點來看，可知注重修德練性也是各家氣功修煉的重要內容。現代修煉之人多注重功法的一招一式，對「以德培道」之重要性認識不清，故不能持之以恆去修煉，因而達不到預期目的。

在古代，儒家修煉只講道德而以禮約之，有所謂「非禮勿視，非禮勿聽，非禮勿言，非禮勿動」之教。道家和佛家很重視戒律，把修德稱之為修戒，戒即不違背規律、規定。

我們應從氣功角度，從生命科學角度理解它的積極內容。過去講「因戒而生定」，不犯戒律就容易入定（入定是精神安定到一定程度體現出的徵象）。

我們練氣功不去受戒，而是在日常生活中陶冶性情，涵養道德，加強對意識的自我控制，練功時即容

易入靜，入定後就可以「固定而生慧」、入定後就能產生智慧。

養生氣功修德的方面是很多的，但最基本的要求有三條：

1. 大公無私

一個人如果能夠修到無私，那就什麼不道德的事就不會有了。但是做到這一點很難，而每一個練功者又必須以此為奮鬥目標，以此為座右銘，朝夕以此為念，來衡量自己的言行。如此修煉，方可修得一身正氣，求得心情的平靜。

2. 謙虛謹慎

一時一事的謙虛謹慎是比較容易做到的，要是終生終世保持謙虛謹慎就比較困難了。但對一個練功者來說，必須立此大志、下此決心，才能保證功力日益進步，無有止境。

3. 精勤勿懈

練功者必須保持兢兢業業的旺盛精神，做好自己的工作，為社會主義的精神文明建設、物質文明建設貢獻自己的力量。反對懶惰、遊手好閒、無所事事的

作風和習氣，不能三天打魚兩天曬網。

第三節　練功的「三個要素」

一、調　心

所謂調心，就是自覺控制意識活動，這是氣功鍛鍊的中心環節。其基本要求，就是要做到「清心寡慾」，排除雜念，達到「入靜」狀態。難以入靜是初練氣功的一大障礙，由於入靜與效果有關，所以往往求靜心切，反生急躁，越練越煩，更難入靜。所謂「入靜」，就是通過「意守」，改「胡思亂想」為「靜思專想」，進而做到「無思無想」，恬靜愉快，悠然自得。

所謂「意守」，就是把注意力集中於體內某一部位或某種活動，或意想某種對身體有益的事情。最常用的「意守」方法，是意守呼吸結合意守「丹田」。丹田，指臍下一寸半的「氣海穴」，意守呼吸與意守丹田結合，就叫做「氣貫丹田」。

氣貫丹田的一般方法是：行腹式呼吸，吸氣時膈肌下降，腹壓增加，使小腹外鼓，好像氣經肺吸入丹田；呼氣時小腹回縮，好像氣從小腹經肺而出。這種氣貫丹田法是氣功產生良好效果的主要措施，它既可健脾，又可交通心腎。

二、調　息

所謂調息就是自覺控制呼吸，其基本要求是「細、柔、慢、勻、長」，逐步達到無聲無息、出入綿綿、若存若亡的境地。初練時，求其自然，不可勉強，慢慢做到從有聲到無聲，由短促到深長。最好是練「氣貫丹田」法，至於「大周天」「小周天」等運氣方法，待有一定功夫後再去學習。

調息的意義首先在於提高了呼吸效率，雖然每分鐘通氣量下降，但潮氣量上升，肺活量增加，呼出氣與肺泡氣的二氧化碳增加，氧氣減少，說明消耗最少的能量，獲得最多的氧氣。更由於緩慢的呼吸運動，有節奏地改變著胸、腹腔的壓力，對內臟起了柔和的按摩作用，從而改善了內臟的血液循環。氣功中調息

的意義並不僅僅是改變呼吸運動的形式而已。它具有自己的特點、內容和方法。

據有關資料記載，呼吸方法至少有18種，這裏我們只簡單介紹常用的幾種。

1. 自然呼吸法

自然呼吸的特點在於隨其自然，多數人的呼吸是胸、腹式混合型呼吸，呼吸時胸、腹部都隨呼吸起伏，並且非常明顯，所以稱之為全呼吸。雖然採用自然呼吸法來調息練功要隨其自然，但也不是說原有的呼吸形式一成不變，要在自然呼吸的基礎上，把呼吸頻率逐漸減慢，呼吸深度逐步加深，使呼吸顯得更為柔和、自然、舒暢。自然呼吸是調息的基礎，也是呼吸鍛鍊的基本要求。

2. 胸式呼吸法

胸式呼吸屬於自然呼吸的一種形式，它的特點是胸部隨呼吸起伏，是以擴展和縮小胸腔來進行呼吸的一種方法，有擴胸縮腹的作用，在鍛鍊時還可以加上意念。這種呼吸法可以改變胸圍的大小，對某些胸部疾患有療效。

3. 腹式呼吸法

這是氣功調息中最常用的呼吸方法。它有利於內氣的聚集、貯存與調動。腹式呼吸一般分為自然腹式呼吸和深長腹式呼吸，後者由前者過渡而來。深長腹式呼吸又可分順式和逆式兩種。吸氣時腹肌放鬆，隨著橫膈的下降，腹前壁逐漸鼓起；呼氣時腹肌收縮，腹壁回縮或稍凹進，橫膈也隨之上升到原來水準，此為順式腹式呼吸（生理學上稱為等容呼吸）。

逆式腹式呼吸（也稱變容呼吸）則相反，吸氣時腹肌收縮，腹壁回縮呈凹狀，加之橫膈收縮向腹腔下降，使腹腔容積變小，呼氣時腹肌放鬆，腹部隆起，橫膈也上升，使腹腔容積變大。故逆式腹式呼吸對腹部臟器的壓力影響較大，因而對促進氣血運行、提升陽氣、改善腸胃功能有較大的幫助，適用於內臟下垂、腸胃功能失調者。但年老體虛及高血壓患者、各類心臟病患者和孕婦均應慎用或禁用。另外，逆式腹式呼吸難度較高，初練者不宜馬上應用。

4. 停閉呼吸法

它實質上是一種閉氣的鍛鍊，是在腹式呼吸和深

呼吸的基礎上進行的一種呼吸法。基本練法是：在一吸一呼之間或一呼一吸之間，有一停頓閉氣的時間。也可以長時間吸氣短時間呼氣，或短時間吸氣長時間呼氣，所以又叫時差呼吸。

5. 潛呼吸

隨著呼吸小腹微微起伏，這是功練到純熟時呼吸高度柔和均緩深長的一種方法。

6. 臍呼吸

是比潛呼吸更柔和的腹式呼吸，腹部幾乎不動，呼吸的幅度、節奏最大限度地變淺、變緩，達到「鼻息微微，若有若無」的境地，而想像呼吸在臍部出入，故又稱為胎息。這種呼吸方法，是在練功達到相當高水準時自然形成的，練功者不要勉強追求。

呼吸鍛鍊由自然呼吸達到深長細勻的呼吸是功夫的積累。以上介紹的調息方法要循序漸進地進行鍛鍊。腹式呼吸的鍛鍊不要一開始就追求腹部鼓起多高，凹下的多深，呼吸深度及頻率減少會隨著功夫提高、逐漸加深或減少。要注意「使氣則竭，屏氣則傷」，使氣是拖長呼吸，主觀要求深長；屏氣是屏住

呼吸，硬要求勻少。這樣在呼吸鍛鍊中用意過重、用力過強，反會出現呼吸短促急迫，或引起胸腹肌屏傷作痛的不良反應。

動功中如無特殊的要求，呼吸常與肢體運動相配合：一般為開吸合呼；向上吸向下呼；向後吸向前呼。做到以意念引導動作，以動作帶動氣血運行，意到氣到，意氣相隨。

在呼吸鍛鍊中，時間持續長一些，往往會產生較多的口水。古代養生家稱口中的唾液為金漿、神水靈液、玉池清水等。傳統的做法是要把口中唾液分幾次咽下去，決不能吐出。咽下去時要結合意念，似乎把它送到丹田中。清代醫家程鍾齡認為：唾液有灌溉臟腑、潤澤肢體的功效，有助於改善體質，延年益壽，也是滋陰的無上妙方。

總之，調息對呼吸中樞起著加強或抑制的作用。植物神經機能與呼吸機能有密切的關係，意志性調整呼吸，能調整植物神經系統功能。中國醫學認為，在練功中運用調整呼吸可調動人體的內氣聚集，儲存於人體的某一部位，或疏通經絡，調和氣血，協同調心

入靜，促使練功者進入氣功功能狀態。

三、調　形

調形也就是調整肢體形態，包括四肢、五官、內臟、軀幹等，是全身的調整。調形是要使身體各部分都處在最恰當的情況下，以配合調心和調息，使練功者迅速進入氣功態。

調形的一個原則是：以調到什麼姿勢感到最舒服為原則；以下意識出來時所想的姿勢為最理想的調形姿態。如果想不出來，那麼就用十指接近、雙腿接近這種保護磁場比較好的姿勢。

調形與調心和調息相比是次要的，三者最主要的是調心。但三者是不可分割的，調心、調息、調形的有機融合，形成了氣功訓練的特點。

調形的姿勢很多，主要包括坐式、臥式、站式、走式四類。

1. 坐　式

坐式是一種最常用的練功姿勢。它與一般人的坐勢相似，但又有一些練氣功的特殊要求。分為平坐

式、躺坐式和盤坐式。

　　平坐式：坐在凳上，自然端正，頭頂正直，鬆肩垂肘，含胸，口眼輕閉，兩手分別放在大腿上，腰部自然伸直，腹部放鬆，兩足平放觸地，兩下肢外側相距與肩同寬。

　　躺坐式：年老體弱者練功可採用此式。在床上躺坐時，應在背部墊一個被子，使身體傾斜度保持在30°～60°之間。要求頭向上稍仰，但仍要保持端正，兩眼微閉，頸要豎，收下頜，背腰要儘量伸直，含胸收腹，鬆肩垂肘；兩大腿與小腿呈130°，兩腳平行，與肩同寬；兩手自然放於身體兩側，或放在腹部，全身從頭至足一遍一遍地從上向下放鬆。

　　盤坐式：雙足交疊而坐的姿勢。這是佛家氣功通常主張的練功坐法。這種坐式較穩定，易入靜，練靜功常用此式。盤坐式具體又分為單盤膝、雙盤膝和自然盤膝。單盤膝是將一側小腿放另一小腿上面；雙盤膝是先將右小腿放在左小腿上面，再把左小腿搬起放在右小腿上面，兩小腿交叉，兩足底朝天放在大腿上；自然盤膝是兩小腿自然交叉成八字形，兩足壓

在大腿下。練功應備軟墊，兩腿發麻時，可以自我按摩後收功。盤坐式的要求是，上身姿勢基本與平坐相同，但略向前傾，坐時臀部可稍墊高一點，可鋪坐墊。盤坐可使下肢緊張，而上身及頭部的緊張狀態則易消除，有助於思想入靜，消除雜念。

2. 臥　式

適於病弱或失眠者，可於睡前練此功。以右側臥位為佳，頭稍向前。下面的一隻手自然屈肘放枕前，手心向上，上面一隻手自然放在大腿上，手心向下，或放丹田處，手心按腹。腿的姿勢是，下面的自然伸直或略屈，上面的屈膝120°放在另一腿上面。

3. 站　式

站式來源於古代拳法的站式練功法，氣功調形的站式一般為養生樁。最常見的是自然式、三圓式和下按式。

自然式：兩腳平行，左右開立，略與肩寬，頭頸要直，兩眼平視，含胸拔背、垂肩垂肘，膝關節微屈，兩手相疊，手心向內，左手在裏，右手在外，內外勞宮穴相對，貼於臍。

三圓式：兩腳左右分開，與肩同寬，兩足尖以內八字站成半圓形，兩腿自然站立，膝關節微屈，頭部正直，兩眼睜開，視前方某一目標，口輕閉，含胸拔背，直腰；兩臂抬起，兩手與乳部同高，做環抱樹幹狀，兩手的手指全部張開彎曲，如抱球狀，兩手掌心相對，相距 20～30 公分。要求三圓，即足圓、臀圓、手圓。

下按式：身體姿勢同自然式。兩臂屈肘，前臂與地面平行，掌指向前，掌心向下，兩手高於腹，兩手間距離略比上體寬。

4. 走　式

走式是對氣功練功過程中含有演練姿勢動作的概括稱謂。它所包含的動作並不僅僅是走動的姿勢。一般說來，走式可以分為以下幾類：

仿生象形動作，主要是模仿動物的形態姿勢。如華佗《五禽戲》就是模仿熊、鹿、虎、猿、鳥五種禽獸的形態姿勢的練功套路。

太極拳類。太極拳要求柔中寓剛，動作輕柔緩和，可以活動周身每一關節，而且動作中寓有哲理，

可與練氣相得益彰。太極拳的演練要訣與氣功要旨有如同出一轍，因此，有人將太極拳中的氣功內容更加強化，形成了氣功太極拳。

古人在練功姿勢上有「和合四象」之說，即含眼光、凝耳韻、調鼻息、緘舌氣為和合四象。含眼光是指兩眼輕輕閉合，猶如垂簾；凝耳韻是指兩耳不注意外界任何聲音，所謂忘聲；調鼻息是指注意呼吸調整，而不去分辨各色氣味；緘舌氣是指停止口及舌頭的活動，即舌息。

和合即為調和、順利。因為眼、耳、鼻、口、舌五官與五臟相通，肺氣通於鼻，心氣通於舌，肝氣通於目，脾氣通於口，腎氣通於耳。還由於眼不視而魂在肝，耳不聞而精在腎，吞不聲而神在心，鼻不香而魄在肺，加上擺了姿勢，兩肢不動而意在脾。這樣既加強了五臟之氣，又使五臟所主之意念各安其位。所以這樣做了可以使五臟安和，情緒安寧，從而提高練功品質，促進身體健康。

第四節　練功時間、方向和地點的選擇

一、練功時間

練功時間包含三個方面，其一，是練功的時間段，即在什麼時候練功效果最好；其二，是練一個功法所用的時間；其三，一天中練功的總時間。由於練功時間和練功效果有著十分密切的關係，所以應當引起重視。

中醫認為，「氣」是人體內某類物質或分子產生的運動，由「氣」的運動，將某種效能傳遞到各組織器官、臟腑系統，並使得效能在各組織器官、臟腑系統上轉化為各種生理活動。氣將效能傳遞到各組織器官、臟腑系統的路徑就是經絡。這些經絡中，包含十二條主要經脈、奇經八脈和無數的絡脈、子絡、孫絡等。氣沿經絡運行，一晝夜十二個時辰運行一周。在這期間，每個時間段氣在各條經絡的運行有盛有衰。中醫總結出一天十二個時辰氣在十二條主要經脈運行

的盛衰規律，就是所謂的「子午流注」。下表是氣在十二經脈旺盛的時間。

時辰	時間（點）	旺盛的經絡	起止位置	交接部位
子	23～1	足少陽膽經	頭～足	足大趾端
丑	1～3	足厥陰肝經	足～胸	肺中
寅	3～5	手太陰肺經	胸～手	手食指端
卯	5～7	手陽明大腸經	手～頭	鼻旁
辰	7～9	足陽明胃經	頭～足	足大趾端
巳	9～11	足太陰脾經	足～胸	心中
午	11～13	手少陰心經	胸～手	手小指端
未	13～15	手太陽小腸經	手～頭	目內眥
申	15～17	足太陽膀胱經	頭～足	足小趾端
酉	17～19	足少陰腎經	足～胸	胸中
戌	19～21	手厥陰心包經	胸～手	手無名指端
亥	21～23	手少陽三焦經	手～頭	目外眥
子				

子時是深夜 23～1 點鐘，此時夜間人靜，鳥宿風平，月光照拂，為太陰之時，為練功創造了良好的氣氛。午時是中午 11～13 點鐘，此時旭日當空，為太

陽之際。人到中午總想休息一下，人們把它稱做午休。午休能去除上午因工作和學習帶來的勞累，振奮精神，使人下午精力充沛。在午時練功同樣能起到積極的作用。

另外，子為陰之極，午為陽之端，古人把這兩個時辰裏所練的功稱之為「子午功」。「子午功」能煉天地之陰陽，採日月之精華。古人又認為，子午時是真氣運行的起始點，此時練功可促進真氣的循環流通，以至陰陽平衡，精氣旺盛，神采奕奕。寅時（3～5點鐘）手太陰肺經最旺盛。

中醫認為，「肺主一身之氣」，此時是調動內氣治病防病的最好時刻，對扶正祛邪的作用最大。因此，早晨適合鍛鍊呼吸系統的運動。而氣功是最好的呼吸運動，在此時進行氣功鍛鍊最為有益。卯時（5～7點鐘）手陽明大腸經最旺盛，大腸與肺互為表裏（絡屬關係），所以，此時練氣功也是比較好的。

《內經》說：「夫有病者，多在旦慧，晝安，夕加，夜甚。」「朝則人氣始生，病氣衰，故旦慧。」

因此，我們要抓住天時對人體最有利的時刻，以取得最大療效。還有「故陽氣者，一日而主外，平旦人氣生，日中而陽氣隆，日西而陽氣已虛，氣門乃閉。是故暮而收拒，無擾筋骨，無見霧露。反此三時，形乃困薄」。據此可以看出，在清晨陽氣上升的時候進行鍛鍊，是順應天時，反之，則對身體不利。

在一個月（陰曆）的不同時期，由於月亮的盈虧對人體生理活動的影響，練功的效果也是不同的。《內經》說，人體的營衛氣血與月亮的盈虧有著密切的關係：「月始生，則氣血始精，衛氣行，月廓滿，則氣血實肌肉堅。月廓空，則肌肉減，經絡虛，衛氣去，形獨居。」所以，陰曆十五前後練功效果最好。

在一年的不同季節，練功的效果也是不同的。春生、夏長、秋收、冬藏是基本規律。春季氣暖，氣血由下向上移動；夏季氣熱，氣血向外表聚集；秋季氣涼，氣血由外向內轉移；冬季氣寒，氣血向內聚集。溫熱氣候，氣血易通全身，尤其是夏季，氣血易通「大周天」，而冬季則只易通「小周天」。

溫度還能影響經絡的傳播距離和速度。溫度高

時，經絡的傳播距離遠，且速度快。溫度低時，經絡的傳播距離近，且速度慢。所以，在春、夏季練功易取得大的進展。

　　練一個功法所用的時間，不是越長越好，一般情況下，多幾分鐘少幾分鐘都不要緊，但是儘量不要超過規定的練功時間。

　　一般說來，初學練功時只需要15分鐘到20分鐘，不要把時間拖得過長，因為時間短，反而能使初學者專心一致，並且能留下餘興下次再練。否則時間過長會引起意守錯亂，枉生雜念，練功效果也就適得其反了。對於已經有了練功修養的人來說，可以每次練20分鐘到40分鐘。

二、練功方向和地點

　　古往今來的氣功家都很重視練功方向的研究，我國古代就曾有人將方位分為二十四山向；從北開始順序為：壬、子、癸、丑、艮、寅、甲、卯、乙、辰、巽、巳、丙、午、丁、未、坤、申、庚、酉、辛、戌、乾、亥，每個山向各為15°度，以供練功者

選用。

練功者可選擇一個既安全又安靜，而且空氣流暢的地方，以利於有效的練功，一般選擇東南方向為好，因為東南方向陽光充足，微風拂面，空氣流暢。

根據三維空間來確定練功方向，反應最強烈的方向，就是你練功方向的最佳選擇。在三維空間裏，什麼方向對你有反應，身體的各部位朝向哪個方向反應最強，哪個方向就是你練功的方向。

選取最佳練功方向的具體做法：選定練功場地後先面向南放鬆站立，然後慢慢地舉起一隻手或雙手掌心向前，如是上午就在原地順時針（下午逆時針）慢慢地轉動身體，轉動時注意體察，看轉到哪個方向時手上的氣感最強，這一方向就是當時、當地你生理上最需要的最佳的練功方向。

中國醫學理論也指出，人體各個臟腑、經絡裏的氣血，在不同季節、不同時間的盛衰狀況也是不一樣的。換句話說，人生理上的平衡是相對的，不平衡是絕對。為此，練功者要想進一步提高功效，就必須綜合考慮自然界和自身生理不斷變化的因素，隨機選擇

最佳練功方向，以求實現人天相應。

若主要考慮治病，則應以「五行學說」為指導，辨證取向。心臟病患者，如心臟功能虛弱，可面向南或面向東（木生火）練功，如心火過旺，則就面向北練功，以求「心腎相交」「水火既濟」。

肺病患者（包括感冒咳嗽），一般應面向西練功，若面向南練功，則因火剋金而加重病情。若氣喘病發作，「喘之出氣不爽者，病在肺」，應面向西練功。「入氣有聲者，病在腎」，則應面向北練功，因為腎主納氣、腎為氣之根。腎病患者，應面向北或面向西練功，因為金生水，肺為水之上源。

肝病患者，根據傳統中醫理論肝無虛症和肝腎同源之說，宜面向北練功，以便滋水涵木。脾胃病患者宜面南練功，因為火生土。

練功地點原則上是選擇有反應的地方。可以選擇練功時感到最舒服的地方；可選擇在練功中意念出現光線、煙霧的地方，根據身體狀況也可採用意念選擇地方的方法。比如在屋裏練功，你身上發燒，就想著大海、竹葉、樹木等，如果心情煩躁，就想著天空、

寧靜的月亮、大海的海面等。

綜上所述，我們不難看出，第一，方向對人體的影響是無可置疑的；第二，在具體選擇練功方向時必須從自身實際出發，同時綜合考慮時間、地點，乃至整個宇宙等客觀因素對體內平衡的影響，當然，練功的地點還要隨著時間的變化、自身狀況的變化而變化，也不是固定不變的。

第五節　練功的效應及注意事項

修煉氣功的過程，是一個不斷地進行自我調節，以達到最佳狀態的過程。一般說，凡是練功得法，遵守注意事項的效應多為正常效應；而練功不得法，盲目冒進，有意追求效應，違背練功注意事項就會出現異常效應。

這些效應與練功者的身體狀況，對氣功常識的理解、進度等諸因素有關。正常效應可以使體格健壯、延年益壽；可以使病情好轉或治癒，而且可以感覺到練功者身上的一些生理變化。

一、正常效應

正常反應也稱良性反應，是練功後由於氣血運行暢通所產生的各種現象，對機體起到有益的作用，分正常感覺和效應感覺兩種。

1. 全身或局部溫熱出汗

由於練功時特定的放鬆姿勢和深長的呼吸、意念的集中、血液循環的增強、末梢血管擴張，因而四肢和全身皮膚溫度上升。

2. 唾液分泌增多

在練功中由於放鬆入靜，舌抵上顎，尤以內養功練呼吸時伴隨舌的上下起落，對唾液腺的刺激更強，因此能引起唾液分泌增加。又由於練功中採用腹式呼吸，激發了胃腸活動，也反射性地引起唾液分泌增多。待唾液分泌量增多至滿口時，可分次咽下，以意送入丹田。

由咽津咽氣，可以增進食慾，幫助消化，對治療各種慢性消化性疾病有很好的效果，如內養功治療胃潰瘍及多種慢性胃病效果較好。

3. 腸鳴、矢氣、噫氣

練功時由於腹式呼吸增強，膈肌上下運動幅度加大，推動了內臟運動，胃腸蠕動明顯增加。故練功者在練功時往往自己可以聽到腹內咕咕嚕嚕作響的腸鳴音，也有的矢氣（即俗語所說的「放屁」）現象增多，或噫氣（打嗝）現象也增多。由於練功後胃腸蠕動功能和唾液分泌功能均有增強，故對治療慢性胃腸機能減弱的消化不良和習慣性便秘均有良好效果。

4. 食慾增強，食量增加

練功時深長的腹式呼吸，直接對腹腔臟器胃腸肝脾起柔和的按摩作用，調整了胃腸功能，有助於消化吸收，增強食慾。

5. 新陳代謝的改善

由於練功中姿勢的放鬆，呼吸深長，以意引氣，內臟功能和大腦功能均得到調整，促使新陳代謝旺盛，所以練功後會感到全身舒適輕鬆，精神活力增加，四肢全身溫熱，皮膚光澤，面色紅潤，毛髮指甲生長比平時迅速，有的還可白髮變黑，即所謂「返老還童」現象出現。

由於新陳代謝的改善和體質的好轉，中青年練功者還有性機能增強現象，這也是練功中的正常反應，但應加以控制，避免過度消耗精氣，影響身體健康。

6. 全身舒適，頭腦清晰

練功中由於放鬆入靜，使大腦皮質機能活動逐漸進入興奮集中狀態，其興奮的周圍漸入於抑制擴散狀態，增強了全身放鬆及大腦的休息，使皮質細胞恢復機能，因而出現了全身舒適、輕鬆愉快的感覺。

練功到一定入靜階段時，多數有頭腦清新、記憶力增強、精力旺盛的感覺，這是練氣功者都有實際經驗和體會的。

7. 異常現象

練功到一定程度，由於身體處於氣功態的狀態，身體內外感受器官原來所受到體表或體內微小的刺激或反應，都可以傳導到相應的神經中樞，明顯地被練功者擴大化去感知；相反，也可能把本來比較強烈的刺激微弱化地去感知。加之，身體內部氣脈的變化感覺會變得很敏感。如微小灰塵落在皮膚上，會使練功者感到大片皮膚發癢，甚至感到像蟲子爬。有時由於

放鬆、意守丹田掌握得好，體內或四肢血流量增加，而熱感突出。

練呼吸時，尤其呼時掌握很好，體內組織可能出現膨脹，大、重感突出；反之，練吸為主掌握得好，小、輕感突出等。在練功中，練功者由於上述原因產生的大小、輕重、涼熱、麻癢的感觸，稱為「八觸」。「八觸」是練功中自然產生的，對待「八觸」不要驚慌，保持自然的心態，任其來去，不理不睬，繼續練功，很快就會過去。

二、異常效應

異常效應也稱不良反應，在練功中由於對練功的基本原則和方法未能正確掌握，所以在練功中出現一些異常現象，如頭昏腦脹、胸腹脹滿、氣不歸原等各種反應。這些異常反應的出現，影響練功的進展和健康，故稱不良反應。遇有此種情況出現時，應及時從各方面調整、糾正。

一般在短時期內，大約一週，即可自行消失。如出現異常反應後未能及時糾治，異常反應進一步發

展，長期不消失，即會造成偏差。故有人認為嚴重的異常反應即為「偏差」。一般異常反應有如下幾種。

1. 胸悶憋氣，呼吸不暢

練功中由於姿勢不當，如收腹挺胸或含胸過甚，或呼吸用力過強，勉強追求深長細勻的呼吸，用力氣沉丹田，或停閉呼吸時間加長、意守呼吸過重等，均可造成胸悶憋氣、呼吸不暢。

如有上述症狀出現時，應找出原因加以改正，重新調整姿勢。如挺胸者應調整使胸部肌肉放鬆，呼吸過重或閉氣時間過長者應改為自然呼吸。意念過重者，應將意守強度減低，改為似守非守。這樣使姿勢、呼吸、意念均調整到放鬆和順乎自然，胸悶等現象即可得到糾正。

2. 心　慌

少數練功者，在練功中出現心跳加快或自覺心慌，有的是偶爾出現，也有的持續時間較長。臨床觀察心慌者，多由於練功時思想有顧慮，姿勢不自然，全身未能放鬆，呼吸用力或停閉呼吸時間過長引起，尤其是心臟神經官能症或有心臟病的患者發生較多。

如遇有此種症狀發生，應及時解除思想緊張，全身放鬆，自然呼吸，待心慌平靜後，再進行練功。

3. 頭昏、頭脹、頭痛、耳鳴目眩

練功中出現頭昏、頭脹、頭痛及耳鳴目眩的症狀，多由於情緒緊張，用意念強度偏大，或勉強用意念導引氣血上頭，或意守部位偏高，如意守上丹田（印堂或百會）或強行呼吸閉氣引起。

如出現此症狀，應放棄意守，採取自然呼吸，待頭部症狀消失後，再繼續練功。如意守部位過高，應改為意守下丹田或湧泉穴。

一般高血壓、動脈硬化、冠心病患者及中老年人練功，應意守下丹田，不守上丹田。

4. 腹脹、腹肌疲勞

練功時出現腹脹、腹肌酸痛的最常見原因多由於有意鼓腹、追求深長的腹式呼吸或吸氣後停閉時間過長，使交感神經興奮性增強，腹肌緊張，腸胃運動受抑制而引起。

糾正之法首先是改為自然呼吸，減少腹肌的緊張用力，即可消除。如腹脹明顯者，可暫停練功，將腹

部自我按摩或改為臥式、半靠位練功，這樣較易使腹肌放鬆，腹脹腹酸逐漸消除。

5. 腰酸背痛

腰酸背痛的症狀，多見於練功初學者。由於姿勢不正，未能沉肩含胸和鬆腰鬆腹所引起，或初學者體質虛弱，練功時間過長，超過了體力支撐的限度所引起的。

遇有此種情況，應暫停腹式呼吸，身體微向前俯，使胸腰部肌肉放鬆休息一下，再繼續練功；如係練功堅持時間太久引起的，應適當將練功時間縮短，待體力恢復後再逐漸加長練功時間。

6. 昏沉、困盹、欲睡

練功初期由於環境安靜，雙目微閉，全身放鬆，思維活動減少，大腦興奮性減弱，形成了睡眠的有利條件，故初練功者易出現困盹入睡的現象。從生理學上來說，睡眠是大腦皮質的廣泛性抑制擴散，而氣功的意守入靜，則是皮質機能的興奮集中，二者截然不同。練功中出現昏沉困盹的原因，一是由於意念未能集中，興奮性尚未提高時產生昏昏欲睡的現象；二是

由於練功前過度疲勞，勉強練功所形成的。

如有昏沉欲睡現象時，可微開二目，或將身體晃動幾下，以驅散睡意，振作精神，再繼續練功。

如再重新出現困盹欲睡，並不易克服，說明與疲勞過度有關，應停止練功，安心睡一覺，待醒後疲勞解除時再度練功。

7. 肢體疼痛麻木

初練功時，由於內氣未充，氣血運行尚未暢通，加之練功者急於求成，可能出現肢體或局部麻木或輕微疼痛感覺。

如麻木疼痛的症狀感覺很輕，可以繼續練功，不去管它，待練功進一步後氣血運行增強，麻木疼痛自會消失。如仍不能消失，可暫停練功，做一下局部活動和按摩後自會消失。

8. 發冷感

練功中突然出現身體發冷，甚至寒戰發抖，這可能是由於體質虛弱、內氣尚未激發出來的表現，一般不要為此異常現象恐懼，可繼續練功，多能在短時間內自行消失。如不能自行消失，可以加強鼻息法，以

鼓動氣血流通，或暫停練功，活動一下，待冷感消失後再繼續練功。

9. 身體過熱感

在練功中有時全身或局部突然灼熱似火燒，熱流有時上沖或流動，這種現象多在短時間內消失，可能是入靜後對局部內氣變化敏感增強所致。

如係內火過盛引起，可做退火功，兩眼先注視鼻尖，再轉移注視膻中，再注意力轉移至臍、至膝，每部位注視各2分鐘，最後注視大敦穴約8分鐘，再意守大敦穴約4分鐘，可以引火下行。

三、練功前的注意事項

1. 練功首先應注意的問題，是要對氣功有一個正確認識。氣功是由調心、調息、調身來調整內臟功能，加強穩態機制，從而達到祛病延年目的的自我身心鍛鍊方法。由對氣功定義的理解，可以看出氣功鍛鍊主要是由「三調」來完成，是一種以祛病延年為目的的自我身心鍛鍊方法，因此，無論進行何種氣功鍛鍊，都應自覺按照「三調」的要求去進行，進而達到

防病健身的目的，而不應急於求成，刻意去追求氣功的神奇效應，最終導致練功出偏。

2. 初學氣功者應在氣功專業人員的指導下，根據自身的情況，做到辨證選功。在開始進行具體功法練習時，應有專業人員或熟練掌握者進行指導，幫助初學者去掉疑慮和雜念，儘快掌握功法。

3. 練功前半小時，應停止一切劇烈的體力和腦力活動。

4. 練功前應排除大小便。

5. 練功前換上寬鬆的衣褲，領扣、腰帶要鬆開，除去飾物、眼鏡、手錶等，以免影響氣功入靜。

6. 練功房內溫度要適宜，保持空氣流暢，當風之處、潮濕之地、強光之下不宜練功。

四、練功中的注意事項

1. 在練功過程中，由「三調」的鍛鍊，最終使意識處於一種安靜狀態。初學者應避免由於過分注意功法中的具體要求（如對意念、呼吸等的要求）而造成新的精神緊張。可由反覆長期的鍛鍊來達到要求。

2. 在氣功鍛鍊中，由於注意力高度集中，對本體感覺的敏感性增強，會產生一些異樣的感覺，古代稱為「八觸十六景」。一般認為這是自然產生的現象，有的屬練功反應，功中出現一些景觀時，不要過分注意，任其自然消失。還可適當地運用良好的心理暗示，如出現氣血流動時，可以因勢利導，設想經絡已通，病氣盡除但不可強領。當流動的感覺停滯不前時，可設想氣血慢慢疏散，不可執著，以免產生氣滯等出偏現象。

3. 練功中避免昏沉入睡，忌對景歡喜，不可貪戀功中景象。

五、練功後的注意事項

每次練功完畢，緩開雙目，慢慢收功，口中如有津液，可緩緩咽下，意念引向丹田。然後雙手輕輕搓摩頭、面，再慢慢伸腿，活動肢體。

此外，尚應注意以下幾點：

1. 注意飲食調理，食物要營養豐富，但宜清淡，禁食肥甘厚味。

2. 飽食、饑餓、過度疲勞、精神緊張或七情干擾時不宜練功。

3. 練功期間禁忌房事過度。

以上注意事項之中，尤以對氣功的正確認識最為重要。

第六章　道家養生長壽功(一)

預備勢

動作一：兩腳平行站立，約與肩同寬，兩膝微屈，頭正頸直，下頜微收，豎脊含胸；兩臂自然下垂；周身中正，唇齒合攏，舌尖放平，輕抵上腭，目視前方。（圖6－1）

圖6－1

動作二：兩臂由體側抬至頭上方，肘微屈，掌心向下；目視前下方。（圖6－2）

動作三：兩掌沿體前緩慢下按至腹前，隨之兩手向體側叉腰，掌心向下；目視前下方。（圖6－3）

圖6－2

圖6－3

【動作要點】

1. 全身放鬆，思想安靜，眉宇舒展，嘴角放鬆，動作柔和、均勻、連貫。

2. 兩眼垂簾，動作配合呼吸，兩臂上提時吸氣，

下按時呼氣。

【功理與作用】

1. 身體放鬆，排除雜念，調和氣息，漸入練功狀態。

2. 吐故納新，養氣安神，調理氣機。

第一式　金龍搖首

動作一：接上式。頭向前低至極限（圖6-4），稍用力，隨之頭後仰至極限（圖6-5），稍用力，

圖6-4　　　　　　　　圖6-5

隨之頭回正。（圖6－6）

　　動作二：頭向左側傾至極限（圖6－7），稍用力；頭向右側傾至極限（圖6－8），稍用力；隨之頭

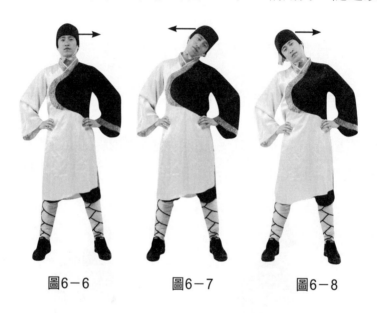

圖6－6　　　　　圖6－7　　　　　圖6－8

轉正。（圖6－9）

　　動作三：頭向左轉至極限（圖6－10），稍用力；頭向右轉至極限（圖6－11），稍用力；隨之頭轉正。（圖6－12）

　　動作四：頭由前向左下、向後、向右旋轉一圈，

圖6－9　　　　　　　　圖6－10

圖6－11　　　　　　　圖6－12

隨之再反向旋轉一圈，然後轉正。（圖6－13～圖6－15）

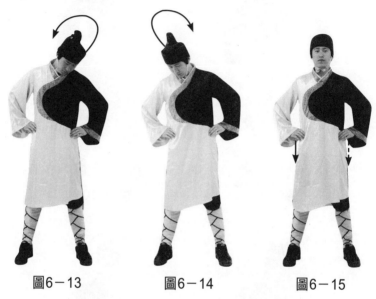

圖6－13　　　　圖6－14　　　　圖6－15

動作一至動作四為一遍，共做3遍。

做第三遍最後一動時，兩手由腰自然垂於體側，目視前方。（圖6－16）

【動作要點】

1. 頸部放鬆，動作要柔和、連貫。

2. 意在用心體會頸椎的運動。

圖6－16　　　　圖6－17　　　　圖6－18

【功理與作用】

此式運用頸部的運動，可有效防治頸椎病。

第二式　神通六脈

動作一：接上式。兩臂由體側向前抬至前平舉，與肩同寬，掌心向上；目視兩掌。（圖6－17）

動作二：從小指開始，依次屈指、屈腕、屈肘收至胸前；目視前下方。（圖6－18）

　　動作三：兩肘外展，約與肩高，同時兩拳變掌內翻，指尖朝下，掌背相對（圖6－19）。然後，兩掌沿胸緩緩下插；目視前下方。

圖6－19

　　動作四：兩掌下插至肚臍前（圖6－20），隨之兩掌向兩側後伸，掌心向上；目視前下方。（圖6－21、圖6－21附圖）

　　動作五：兩掌由後向前擺成側平舉，兩臂外旋，掌心向上；目視前下方。（圖6－22）

　　動作一至動作五為一遍，共做3遍。

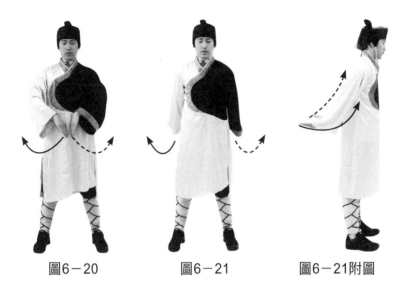

圖6－20　　　　　圖6－21　　　　　圖6－21附圖

圖6－22

做第三遍最後一動時，兩臂上舉至頭上方，肘微屈，掌心向下，沿體前緩慢下按至腹前，兩掌重疊於肚臍，調勻呼吸，意守丹田，靜立片刻（圖6－23、圖6－24）。隨之兩手垂於體側；目視前方。（圖6－25）

【動作要點】

動作要依次做到屈指、屈腕、屈肘，再向下導引。

【功理與作用】

1. 連續地屈伸旋轉運動，有利於上肢關節的柔韌性及協調性的鍛鍊，對於防治中老年人的上肢骨關節退化等病症有一定療效。

2. 可疏通上肢六脈，起到和氣血、通經絡、理臟腑的功效。

第三式　太極雲手

動作一：接上式。上體微左轉，兩腿膝關節微屈；同時，左臂屈肘抬至與左肩平，掌心向上，右掌經體前向左畫弧至左肘下；目視左掌。（圖6－26）

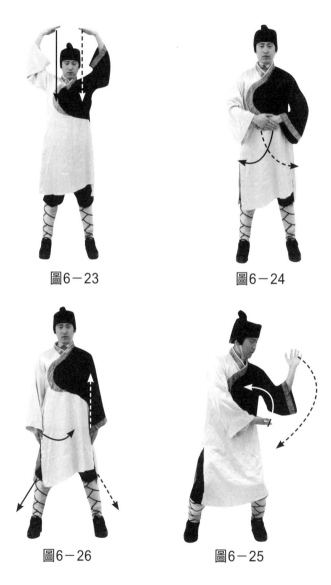

圖6－23

圖6－24

圖6－26

圖6－25

　　動作二：上體微右轉；同時，右掌經左向上、向右畫弧至與右肩平，掌心向上，左掌向左下經體前向右畫弧至右肘下；目視右掌。（圖6－27）

　　本式一左一右為一遍，共做3遍。

　　做第三遍最後一動時，左掌經體前畫弧至左髖旁，右掌向下至右髖旁（圖6－28），兩掌心向前，然後，兩掌緩慢向前合攏，兩掌重疊於肚臍（圖6－29）；同時，兩膝緩緩伸直，調勻呼吸，意守丹田，靜立片刻；兩掌垂於體側，目視前方。（圖6－30）

圖6－27

圖6－28

圖6−29　　　　　　　　圖6−30

【動作要點】

兩掌起落畫弧配合要協調，速度要均勻。

【功理與作用】

1. 眼的左右顧盼，有利於頸部運動，可促進腦部的血液循環。

2. 可減輕大腦神經系統的緊張度，對神經緊張、精神憂鬱等症有防治作用。

第四式　揮舞彩虹

動作一：接上式。兩臂由體側抬至側平舉，掌心向下；目視前方。（圖6－31）

圖6－31

動作二：身體左傾；同時，右掌經體側向上畫弧至頭上方，掌心對準百會穴，左掌經體側向下畫弧至後腰，掌背對命門穴；目視前下方。（圖6－32、圖6－32附圖）

圖6－32　　　　　　　圖6－32附圖

　　動作三：身體中正；同時，右掌向右下畫弧至與右肩平，左掌向左上畫弧至與左肩平，兩臂成側平舉，掌心向下；目視前方。（圖6－33）

　　動作四至動作五同動作二至動作三，唯左右相反。（圖6－34、圖6－34附圖、圖6－35）

　　本式一左一右為一遍，共做3遍。

　　做第三遍最後一動時，兩臂上舉至頭上方，肘微屈，掌心向下沿體前緩慢下按至腹前，兩掌重疊於

圖6－33

圖6－34

圖6－34附圖

圖6－35

肚臍，調勻呼吸，意守丹田，靜立片刻，兩手垂於體側；目視前方。（圖6－36～圖6－38）

【動作要點】

腰部側屈，側屈的一側腰部要壓緊，另一側腰部則借助上舉手臂，得到充分牽拉。

【功理與作用】

1.可增強腰部的肌肉力量，也可防治腰部的脂肪沉積。

圖6－36　　　　　圖6－37　　　　　圖6－38

2. 將發動的真氣收斂，下沉入腰間兩腎及命門，具有壯腰健腎、延緩衰老之功效。

第五式　星移斗轉

動作一：接上式。身體重心移至右腿，左腳前腳掌著地，腳跟提起；同時，左掌經體側抬至頭上方，屈腕，掌心對準百會穴，右掌經體側抬至右側約45°，略低於肩，掌心向上；目視前下方。（圖6－

圖6－39　　　　　圖6－40

39）

動作二：身體左轉90°。（圖6－40）

動作三：上動不停。身體右轉90°。（圖6－41）

動作四至動作六同動作一至動作三，唯左右相反。（圖6－42～圖6－44）

本式一左一右為一遍，共做3遍。

做第三遍最後一動時，右臂不動，肘微屈，左臂上舉至頭上方，掌心向下，沿體前緩慢下按至腹前，

圖6－41　　　　　　　圖6－42

圖6－43　　　　　　　圖6－44

兩掌重疊於肚臍，調勻呼吸，意守丹田，靜立片刻，
兩手垂於體側；目視前方。（圖6－45～圖6－47）

圖6－45　　　　　圖6－46　　　　　圖6－47

【動作要點】

轉腰要平穩，下肢保持不動。

【功理與作用】

１.身體的左右旋轉，可提高人體脊柱的靈活
性，同時還可使腹腔的組織器官得到鍛鍊，促進人體
的消化功能。

2. 可使人體的帶脈得到疏通與調節，全身氣機得
以順利升降。

第六式　吐納肺腑

動作一：接上式。兩臂屈肘抬至胸前屈腕，中指
對準膻中穴。（圖6−48）

動作二：頭向後仰；同時兩肘向後畫弧，展肩擴
胸深吸氣；目視斜前上方。（圖6−49）

圖6−48　　　　　　　圖6−49

動作三：頭向前低；同時兩肘向前畫弧；含胸深呼氣，目視前下方。（圖6－50）

本式一仰一低為一遍，共做3遍。

第三遍最後一動時，頭抬起，同時兩掌沿體前緩慢下按至腹前，兩掌重疊於肚臍，調勻呼吸，意守丹田，靜立片刻。兩掌垂於體側；目視前方。（圖6－51、圖6－52）

【動作要點】

1. 展肩擴胸，兩肩胛骨向脊柱靠近。

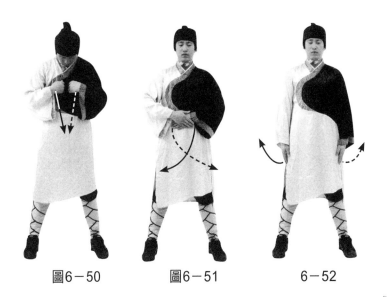

圖6－50　　　　圖6－51　　　　6－52

2. 擴胸鼻吸，含胸口呼。

【功理與作用】

1. 施行展肩擴胸、含胸的鍛鍊，吸入的大自然之氣佈滿胸腔，同時，小腹內收，使丹田之氣也上升到胸腔中，先天、後天二氣在胸腔中會合，可有效鍛鍊肺的呼吸功能，還可促進氣血在肺內的充分融合及與氣體的交換。

2. 可刺激頸、肩、背部周圍的穴位，並能有效地解除頸、肩、背部肌肉和關節的疲勞。

第七式　周天運化

動作一：接上式。兩腿膝關節微屈；同時，兩臂由體側抬起，略低於肩，掌心朝前；目視前下方。（圖6-53）

動作二：身體前傾；同時，兩臂向前摟抱，掌心相對；目視下方。（圖6-54）

動作三：身體後仰；同時，兩臂向身體兩側展開，掌心向上；目視斜前上方。（圖6-55）

本式一前一後為一遍，共做3遍。

圖6-53

圖6-54　　　　　　　　圖6-55

做第三遍最後一動時，兩臂上舉至頭上方，肘微屈，掌心向下，沿體前緩慢下按至腹前，兩掌重疊於肚臍，調勻呼吸，意守丹田，靜立片刻，兩手垂於體側；目視前方。（圖6－56～圖6－58）

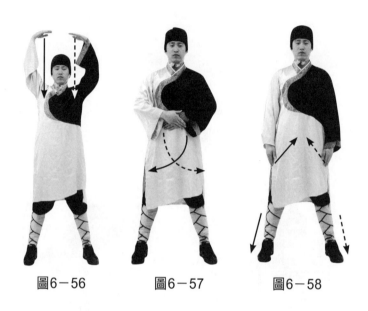

圖6－56　　　　圖6－57　　　　圖6－58

【動作要點】

用身體的蠕動帶動兩臂前後擺動。

【功理與作用】

1. 運用身體的前俯後仰、胸腹的伸展，可使任脈

得以疏通及調養，同時還可以調和手足三陰之氣。

2. 可有效改善腰腹肌肉的功能，起到強健腰腹的作用。

第八式　旋丹理腎

動作一：接上式。兩腿屈膝下蹲；同時兩臂屈肘，兩手叉腰；目視前下方。（圖6－59）

動作二：上體和下肢保持不動，同時髖關節向左旋轉3圈；目視前下方。（圖6－60）

圖6－59　　　　　　　　　圖6－60

動作三：上體和下肢保持不動，同時髖關節向右旋轉3圈；目視前下方。（圖6－61）

本式一左一右為一遍，共做3遍。

做第三遍最後一動時，身體中正，膝關節伸直；同時，兩臂由體側上舉至頭上方，肘微屈，掌心向下，沿體前緩慢下按至腹前，兩掌重疊於肚臍，調勻呼吸，意守丹田，靜立片刻，兩手垂於體側；目視前方。（圖6－62～圖6－64）

【動作要點】

1. 上體和下肢保持不動，意想尾閭做順時針和逆時針畫圓運動。

2. 旋轉速度應柔和緩慢，圓活連貫。

【功理與作用】

1. 施行擺動尾閭，可刺激脊柱、督脈、神闕、命門等穴，有助於防治生殖泌尿系統方面的慢性病，達到固腎壯腰的作用。

2. 對腹腔內等的組織器官有良好的按摩作用，可改善其功能，刺激其活動。

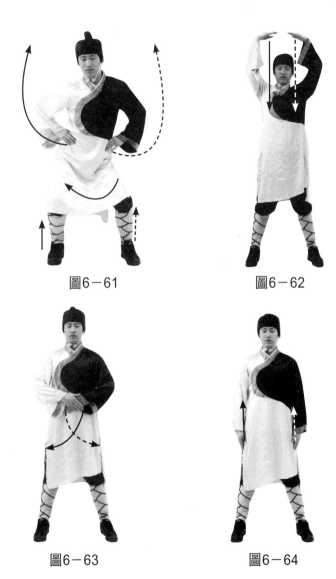

圖6－61　　　　　　　圖6－62

圖6－63　　　　　　　圖6－64

第九式　馬步納氣

動作一：接上式。兩臂由體側抬至前平舉，掌心向下；目視前下方。（圖6－65）

動作二：兩腿屈膝下蹲；同時，兩肘微屈，沉肩，兩掌逐漸用力下按至腹前，掌心向下；目視前下方。（圖6－66）

動作三：兩臂外旋，翻掌至掌心向上，肘微屈，上托至前平舉；同時，緩緩起身直立，最後一動兩臂

圖6－65

圖6－66

圖6－67　　　　　　　　　圖6－68

側平舉；目視前方。（圖6－67、圖6－68）

　　本式一下一上為一遍，共做3遍。

　　做第三遍最後一動時，兩臂由側平舉抬至頭上方，肘微屈，掌心向下，沿體前緩慢下按至腹前，兩掌重疊於肚臍，調勻呼吸，意守丹田，靜立片刻，兩手垂於體側；目視前方。（圖6－69～圖6－71）

　　【動作要點】

　　1.蹲起時，上體保持正直。

圖6-69　　　　　圖6-70　　　　　圖6-71

2. 下蹲時，兩掌如負重物；起身時，兩掌如托千斤。

3. 下蹲深度可據個人情況靈活掌握。

【功理與作用】

1. 施行下肢的屈伸活動，配合呼吸，使體內真氣在胸、腹間相應地降、升，達到心腎相交，水火既濟。

2. 可有效發展下肢肌肉力量，提高人體平衡和協調能力。

第十式　搖山晃海

動作一：接上式。兩臂抬至側平舉，掌心向下；目視前方。（圖6－72）

圖6－72

動作二：身體重心移至右腿，屈膝略蹲，左腳跟抬起，以腳尖著地；同時，左掌屈肘、屈腕，弧形提至左肩前，掌心向下，高與鼻平，右掌隨重心右移下按至身體右下方，掌心斜向下；目視左掌。（圖6－

73）

　　動作三：上動不停。左掌向左側弧形下按至身體左下方，掌心斜向下；身體微右轉，左腳跟踏實，重心移至左腿，屈膝略蹲，右腳跟抬起，以腳尖著地；同時，右掌屈肘、屈腕，弧形提至右肩前，掌心向下，高與鼻平；目視右掌。（圖6－74）

圖6－73　　　　　圖6－74

　　本式一左一右為一遍，共做3遍。

　　做第三遍最後一動時，兩臂成側平舉，隨之抬至頭上方，肘微屈，掌心向下，沿體前緩慢下按至腹

前，兩掌重疊於肚臍，調勻呼吸，意守丹田，靜立片刻，兩手垂於體側；目視前方。（圖6－75～圖6－78）

圖6－75

圖6－76

圖6－77

圖6－78

【動作要點】

身體重心的移動，要與手掌的上提、下按協調一致，動作要連貫。

【功理與作用】

1. 刺激手、足三陰、三陽、十二經脈的俞穴和督脈等，達到強腰固腎的作用。

2. 增強身體的靈活性和協調性。

收　勢

左腳提起向右腳併攏，前腳掌先著地，隨之全腳踏實；目視前方。（圖6-79）

【動作要點】

全身放鬆，直達腳底的湧泉穴。

【功理與作用】

放鬆肢體肌肉，愉悅心情，逐漸恢復常態。

圖6-79

第七章　道教養生長壽功(二)

預備勢

動作一：兩腳並步站立；兩手自然垂於體側，身體中正，下頜微收，百會虛領，唇齒合攏，舌自然平貼於上腭；目視前方。（圖7-1）

圖7-1

　　動作二：隨著鬆腰沉髖，身體重心移至右腿，左
腳向左側開步，腳尖朝前，約與肩同寬，兩膝微屈，
成開立姿勢；目視前方。（圖7－2）

圖7－2

　　【**動作要點**】

　　全身放鬆，身體中正，自然呼吸，目光內含，心
平氣和。

　　【**功理與作用**】

　　端正身形，調勻呼吸，寧靜心神，內安五臟。

第一式　回春功

動作一：接預備勢。身體重心前移至前腳掌支撐，同時，吸氣時腳後跟提起，兩肩胛骨向脊柱靠近，展肩擴胸；目視前下方。（圖7－3、圖7－3附圖）。

圖7－3　　　　　　　圖7－3附圖

動作二：腳後跟緩緩落地，同時膝關節微屈呼氣，含胸小腹微收；目視前下方。（圖7－4、圖7－4附圖）

圖7－4　　　　　　圖7－4附圖

本式一吸一呼為一遍，共做8遍。

做第八遍最後一動時，膝關節伸直，兩腿成開立姿勢，身體中正；目視前方。（圖7－5）

【動作要點】

1. 兩前腳掌支撐，力達下肢。

2. 年老或體弱者可自行調整腳後跟提起的高度。

【功理與作用】

1. 正如古人練功口訣所講：「緩緩吐來深深吸，

圖7－5

後天引動先天氣。」此式可使
肺、胃之濁氣從體內排出。

2. 吐故納新，歸順內臟，
暢通氣血，祛邪扶正。

動作三：接上式。兩腿膝
關節微屈，同時，身體做上下
抖動（一分鐘160次左右）；
目視前下方。（圖7－6）

圖7－6

做本式最後一動時，身體中正，兩腿膝關節伸直，呈開立姿勢；目視前方。（圖7－7）

圖7－7

【動作要點】

身體放鬆，上下抖動，速度均勻。

【功理與作用】

疏通經絡，補腎益氣，對防治腰痛、下肢無力、陽痿、痛經等有良好作用。

動作四：接上動。兩腿膝關節微屈；同時，左肩提起向後、向下畫一圓圈，隨之右肩下沉，向前、向

圖7－8　　　　　　　圖7－9

上畫一圓圈；目視前下方。
（圖7－8、圖7－9）

　　本式一左一右（畫一
圈）為一遍，共做8遍。

　　做第八遍最後一動時，
身體中正，膝關節伸直；目
視前方。（圖7－10）

　　【動作要點】

　　1. 兩肩交替協調畫圓，

圖7－10

以腰帶肩，以肩帶臂。

2.身體隨兩肩微微轉動。

【功理與作用】

1.調和氣血，疏通經絡，促進腹腔臟器的血液循環。

2.舒肝理氣，調理脾胃，可改善消化、泌尿生殖系統的功能。

第二式　搖身披掛

動作一：接上式。兩臂由體側抬至側平舉，掌心向下；目視前方。（圖7－11）

動作二：上動不停。身體左轉，重心移至左腿，屈膝略蹲，右腳跟提起，膝微屈；同時，右掌向下，經體前向左、向上，屈肘以掌心拍擊左肩，左掌向下，經體後向右、向上，屈肘以掌背拍擊右腰；目視前方。（圖7－12、圖7－12附圖）

動作三：上動不停。身體右轉；右掌隨體轉向下，經體前直臂向右擺成側平舉，同時，左掌向下，直臂向左擺成側平舉，兩掌心向下；目視前方。

圖7－11

圖7－12

圖7－12附圖

圖7-13

（圖7-13）

　　動作四：上動不停。身體右轉，重心移至右腿，屈膝略蹲，左腳跟提起，膝微屈；同時，左掌向下，經體前向右、向上，屈肘以掌心拍擊左肩，右掌向下、經體後向左、向上，屈肘以掌背拍擊左腰；目視前方。（圖7-14、圖7-14附圖）

　　本式一左一右為一遍，共做8遍。

　　做第八遍最後一動時，身體中正，兩臂自然垂於體側；左腳收回至右腳內側；目視前方。（圖7-15）

圖7－14　　　　　　圖7－14附圖

圖7－15

【動作要點】

1. 動作要連貫、協調，不得停頓。

2. 兩臂披掛時，要含胸、收腹，兩掌儘量拍打。

3. 以腰帶動兩臂，兩臂展開時，肩關節似有脫開之感。

【功理與作用】

1. 拍打肩井穴、腎俞穴可疏通經絡，活躍氣血，補腎益氣，可有效防治腰酸腿疼。

2. 可有效發展下肢肌肉力量，增強腰、腹、臀部力量。

第三式　獅子滾球

動作一：接上式。身體重心移至右腿，屈膝略蹲，左腳跟提起，以前腳掌著地，停至右腳內側成左丁步；同時，左掌由體側屈肘托至腹前，掌心向上，右掌由體側屈肘弧形提至胸前，兩掌心相對；目視右掌。（圖7－16）

動作二：身體稍向左轉，左腳向左前方上步，屈膝略蹲，右腿自然伸直；同時，兩掌隨體轉弧形平繞

至體前時，左掌由下經左弧形向上翻掌，掌心向下，右掌由上經右弧形向下翻掌，兩掌心相對；目視左掌。（圖7-17）

圖7-16　　　　　　　　　　圖7-17

動作三：身體重心移至右腿，屈膝略蹲，左腳尖抬起，以腳跟著地，腿自然伸直，上體偏左；同時，兩掌弧形平繞至體左側；眼隨掌走。（圖7-18）

動作四：上動不停。身體右轉；同時，左掌由上經左弧形向下翻掌，掌心向上，右掌由下經右弧形向

圖7-18　　　　　　圖7-19

上翻掌，兩掌心相對，停至體前；目視右掌。（圖
7-19）

　　動作五：身體右轉，左腳尖內扣，右腳收至左腳
內側，以前腳掌著地成右丁步；隨著轉體，右掌由上
經右弧形向下翻掌，掌心向上；左掌由下經左，弧形
向上翻掌，兩掌心相對；目視左掌。（圖7-20）

　　動作五至動作八同動作一至動作四，唯左右相
反。（圖7-21～圖7-24）

　　本式一左一右為一遍，共做八遍。

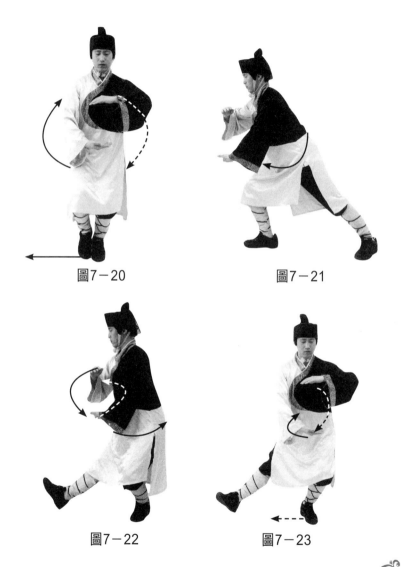

圖7—20

圖7—21

圖7—22

圖7—23

圖7－24　　　　　圖7－25

　　做第八遍最後一動時，身體中正，左腳踏實；兩
臂自然下垂於體側，兩腳併攏站立；目視前方。（圖
7－25）

　　【動作要點】

　　以腰為軸左右擰轉，帶動兩臂，使兩掌上下翻轉
似抱球狀。兩臂始終撐圓，翻掌不可突然。整個動作
要協調、連貫、圓活。

　　【功理與作用】

　　1. 對腰椎、坐骨神經痛及生殖泌尿系統疾病有一

定的防治作用。

2. 動作的多樣性體現了神經系統和肢體運動的協調性，可減輕大腦神經系統的緊張度，對神經緊張、精神憂鬱等症有良好的防治作用。

第四式　龜縮功

動作一：接上式。身體重心移至右腿，屈膝略蹲，左腳跟提起，以腳前掌著地，停至右腳內側成左丁步；同時，左掌由體側屈肘托至腹前，掌心向上，右掌由體側屈肘弧形提至胸前，兩掌心相對；目視右掌。（圖7－26）

圖7－26

動作二：身體左轉，左腳向左前方上步，屈膝略
蹲，右腿自然伸直；同時，左掌由下向前上方伸出，
略高於肩，掌心向上，右掌由上向下按至右胯旁，掌
心向下；目視左掌。（圖7-27）

動作三：身體重心移至右腿，屈膝略蹲，左腿自
然伸直，藏頭縮項，含胸收腹；同時，左掌內旋，肘
回收至胸前，右掌由下向前、向上屈肘回收至胸前，
屈腕，兩掌心向下；目視前下方。（圖7-28）

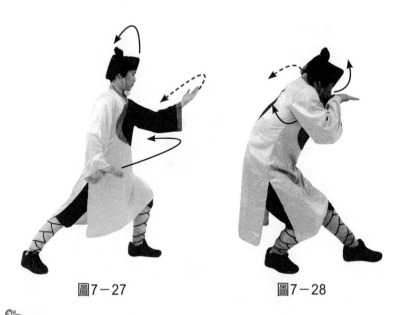

圖7-27　　　　　　　圖7-28

動作四：展肩擴胸，沉肩伸項；目視前下方。
（圖7－29）

動作五：重心移至左腿，屈膝略蹲，右腿自然伸
直；同時，兩掌由胸前向下、向前伸出，兩掌心向
下；目視兩掌。（圖7－30）

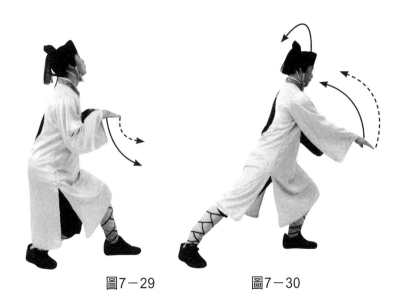

圖7－29　　　　　　圖7－30

動作六：重心移至右腿，屈膝略蹲，左腿自然伸
直，藏頭縮項，含胸收腹；同時，兩臂屈肘、屈腕收
至胸前，兩掌心向下；目視兩掌。（圖7－31）

圖7－31

圖7－32

動作七：展肩擴胸，沉肩伸項；目視前下方。
（圖7－32）

動作八：身體右轉，重心移至左腿，屈膝略蹲，右腳收至左腳內側，腳跟提起，以腳前掌著地成右丁步；同時，右掌由胸前向右、向下屈肘托至腹前，掌心向上，左掌在胸前屈肘保持不動，兩掌心相對；目視左掌。（圖7－33）

動作八至動作十四同動作一至動作七，唯左右相反。（圖7－34～圖7－39）

圖7－33　　　　　　　　圖7－34

圖7－35　　　　　　　　圖7－36

圖7－37　　　　圖7－38

圖7－39

本式一左一右為一遍，共做8遍。

做第八遍最後一動時，身體左轉；兩臂自然垂於體側；右腳踏實，左腳收至右腳內側，併攏站立；目視前方。（圖7－40）

圖7－40

【動作要點】

身體要平穩自然，展肩擴胸，肩、肘要鬆沉。前伸時，要送肩、墜肘，鬆腕、舒指，兩掌上提要由前向上略帶弧形。

【功理與作用】

1. 刺激頸項、肩背部周圍的穴位，可有效地解除頸、肩、背部的肌肉和關節疲勞，可有效防治頸椎病、肩周炎和背部肌肉勞損等病症。

2. 可調節大腦及中樞神經，利於防治腦血管疾病。

第五式　龍遊功

動作一：接上式。兩臂由體側向前抬至前平舉，掌心相對，指尖向前。（圖7－41、圖7－41附圖）

動作二：兩臂屈肘，自然回收，兩掌合於胸前；目視前下方。（圖7－42）

動作三：兩腿膝關節微屈，髖關節向右擺動，同時，身體向左；兩掌由胸前向左側上方穿出；目視前下方。（圖7－43）

動作四：兩腿膝關節微屈，髖關節向左擺動，同時，身體向右；兩掌經頭上向右、向下至右肩旁；目視前下方。（圖7－44）

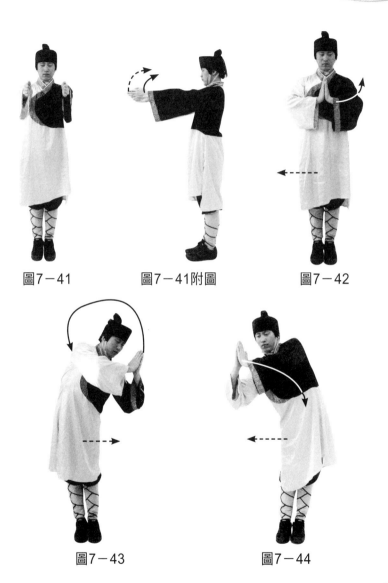

圖7－41　　　　圖7－41附圖　　　　圖7－42

圖7－43　　　　　　　圖7－44

　　動作五：兩腿膝關節微屈，髖關節向右擺動，同時，身體向左；兩掌指向前，由右向左肋畫弧；目視前下方。（圖7－45）

　　動作六：兩腿膝關節微屈，髖關節向左擺動，同時，身體向右；兩掌指向前，由左向右髖畫弧；目視前下方。（圖7－46）

圖7－45　　　　　　　　　　圖7－46

　　動作七：兩腿膝關節半屈，髖關節向右擺動，同時，身體向左；兩掌指斜向下，由右向左膝畫弧；目

視前下方。（圖7－47）

　　動作八：兩腿膝關節半屈，髖關節向左擺動，同時，身體向右；兩掌指斜向下，由左向右踝畫弧；目視下方。（圖7－48）

圖7－47　　　　　　圖7－48

　　動作九至動作十四同動作八至動作三，按動作八至動作三的路線返回。（圖7－49～圖7－54）

圖7-49

圖7-50

圖7-51

圖7-52

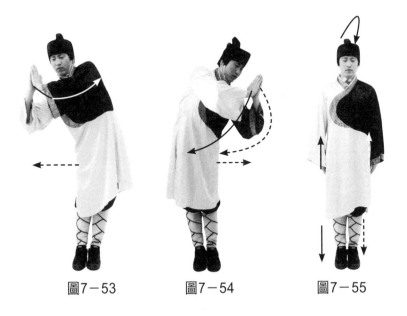

圖7－53　　　　　圖7－54　　　　　圖7－55

　　本式一下一上為一遍，共做8遍。

　　做第八遍最後一動時，身體中正，兩臂自然垂於
體側；目視前方。（圖7－55）

　　【動作要點】

　　1. 身體左右擺動形如蛟龍，兩掌畫弧要柔和，整
體配合要連貫。

　　2. 膝關節依次加大彎曲的幅度，年老和體弱者屈
膝的深度可靈活掌握。

【功理與作用】

1. 使督脈得以調順，可防治脊椎的骨質增生。

2. 可增強腰腹及下肢力量，起到壯丹田之氣、強腰固腎的作用。

第六式　蟾遊功

動作一：接上式。兩腿屈膝下蹲，縮項；同時，兩掌由體側屈肘抬至胸兩側，掌心向下；目視前下方。（圖7－56）

動作二：兩腿膝關節伸直，腳後跟提起，鬆肩伸項；同時，兩掌向前伸出，隨之向左右兩側畫一平圓，收至胸的兩側，掌心向下；目視前下方。（圖7－57、圖7－57附圖）

動作三：兩腿屈膝下蹲，縮項；兩掌在胸側不動；目視前下方。（圖7－58）

動作四：兩腿膝關節伸直，腳後跟提起，鬆肩伸項；同時，兩掌由胸兩側向前畫一平圓，收至胸的兩側，掌心向下；目視前下方。（圖7－59、圖7－59附圖）

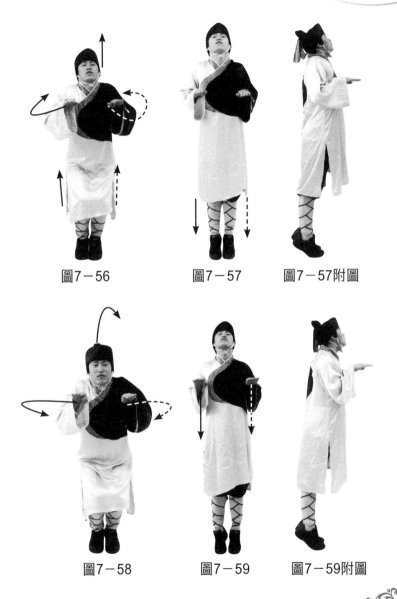

圖7－56　　　　　圖7－57　　　　　圖7－57附圖

圖7－58　　　　　圖7－59　　　　　圖7－59附圖

本式動作一至動作四為一遍，共做8遍。

做第八遍最後一動時，身體中正，兩臂自然垂於
體側；目視前方。（圖7－60）

圖7－60

【動作要點】

1. 兩掌畫平圓時，兩肩儘量後張。

2. 年老或體弱者可自行調整腳後跟提起的高度。

【功理與作用】

1. 施行身體的伸展，可使「三焦」通暢，氣血調
和。

2. 可改善肩關節的活動能力，促進身體血液循環，對防治肩、頸部疾患具有良好的作用。

收　勢

動作一：接上式。兩臂內旋，向兩側擺起，隨之兩臂外旋，向前摟抱，掌心向前；目視前方。（圖7－61）

動作二：兩臂屈肘，兩掌相疊至於肚臍上；目視前方。（圖7－62）

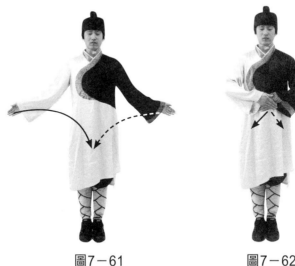

圖7－61　　　　　　圖7－62

動作三：兩臂自然下落，兩掌輕貼於腿側；目視前方。（圖7－63）

【動作要點】

全身放鬆，體態安詳，調勻呼吸，意守丹田。

【功理與作用】

氣息歸元，放鬆肢體肌肉，愉悅心情，逐漸恢復到練功前的安靜狀態。

圖7－63

彩色圖解太極武術

1 太極功夫扇
定價220元

2 武當太極劍
定價220元

3 楊式太極劍
定價220元

4 楊式太極刀
定價220元

5 二十四式太極拳+VCD
定價350元

6 三十二式太極劍+VCD
定價350元

7 四十二式太極劍+VCD
定價350元

8 四十二式太極拳+VCD
定價350元

9 楊式十六式太極劍拳
定價350元

10 楊氏二十八式太極拳+VCD
定價350元

11 楊式太極拳四十式+VCD
定價350元

12 陳式太極拳五十六式+VCD
定價350元

13 吳式太極拳五十六式+VCD
定價350元

14 精簡陳式太極拳八式十六式
定價220元

15 精簡吳式太極拳三十八式 拳架·推手
定價220元

16 夕陽美功夫扇
定價220元

17 綜合四十八式太極拳+VCD
定價350元

18 三十二式太極拳 四段
定價220元

19 楊式三十七式太極拳+VCD
定價350元

20 楊氏五十一式太極劍+VCD
定價350元

21 嫡傳楊家太極拳精練二十八式
定價220元

22 嫡傳楊家太極劍五十一式
定價220元

23 嫡傳楊家太極刀十三式
定價220元

太極武術教學光碟

太極功夫扇
五十二式太極扇
演示：李德印 等
(2VCD)中國

夕陽美太極功夫扇
五十六式太極扇
演示：李德印 等
(2VCD)中國

陳氏太極拳及其技擊法
演示：馬虹(10VCD)中國
陳氏太極拳勁道釋秘
拆拳講勁
演示：馬虹(8DVD)中國
推手技巧及功力訓練
演示：馬虹(4VCD)中國

陳氏太極拳新架一路
演示：陳正雷(1DVD)中國
陳氏太極拳新架二路
演示：陳正雷(1DVD)中國
陳氏太極拳老架一路
演示：陳正雷(1DVD)中國
陳氏太極拳老架二路
演示：陳正雷(1DVD)中國
陳氏太極推手
演示：陳正雷(1DVD)中國
陳氏太極單刀・雙刀
演示：陳正雷(1DVD)中國

楊氏太極拳
演示：楊振鐸
(6VCD)中國

本公司還有其他武術光碟
歡迎來電詢問或至網站查詢
電話：02-28236031
網址：www.dah-jaan.com.tw

原版教學光碟

歡迎至本公司購買書籍

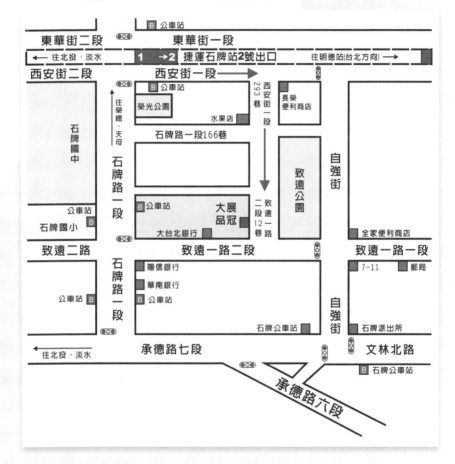

建議路線

1.搭乘捷運‧公車

　　淡水線石牌站下車,由石牌捷運站2號出口出站(出站後靠右邊),沿著捷運高架往台北方向走(往明德站方向),其街名為西安街,約走100公尺(勿超過紅綠燈),由西安街一段293巷進來(巷口有一公車站牌,站名為自強街口),本公司位於致遠公園對面。搭公車者請於石牌站(石牌派出所)下車,走進自強街,遇致遠路口左轉,右手邊第一條巷子即為本社位置。

2.自行開車或騎車

　　由承德路接石牌路,看到陽信銀行右轉,此條即為致遠一路二段,在遇到自強街(紅綠燈)前的巷子(致遠公園)左轉,即可看到本公司招牌。

國家圖書館出版品預行編目資料

武當道教養生長壽功／苗福盛　著

－初版－臺北市，大展，2012[民101.03]
　面；21公分－（養生保健；46）
ISBN 978-957-468-862-3（平裝）
1.道教修鍊　2.養生
235.1　　　　　　　　　　　　101000301

【版權所有・翻印必究】

武當道教養生長壽功

著　　者／苗　福　盛
責任編輯／張　建　林
發 行 人／蔡　森　明
出 版 者／大展出版社有限公司
社　　址／台北市北投區（石牌）致遠一路2段12巷1號
電　　話／(02) 28236031・28236033・28233123
傳　　真／(02) 28272069
郵政劃撥／01669551
網　　址／www.dah-jaan.com.tw
E-mail／service@dah-jaan.com.tw
登 記 證／局版臺業字第2171號
承 印 者／傳興印刷有限公司
裝　　訂／建鑫裝訂有限公司
排 版 者／千兵企業有限公司
授 權 者／北京人民體育出版社
初版1刷／2012年（民101年）3月

定　價／200元

●本書若有破損、缺頁請寄回本社更換●

大展好書　好書大展
品嘗好書　冠群可期

大展好書　好書大展
品嘗好書　冠群可期